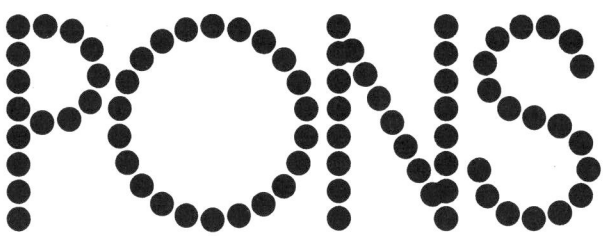

Technisches Englisch
im Griff

W0180267

von
Bodo Hanf

Ernst Klett Verlag
Stuttgart · Düsseldorf · Leipzig

PONS Technisches Englisch im Griff

von Bodo Hanf

Dieser Titel ist inhaltlich identisch mit
Technisches Englisch im Griff, ISBN 3-12-560971-2.

1. Auflage A 1   4 3   2   1 | 2003   2002   2001   2000

© Ernst Klett Verlag GmbH, Stuttgart 2000
Internet: www.pons.de
e-mail: info@pons.de
Alle Rechte vorbehalten.

Redaktion: Lynnette Richards, Elizabeth Webster
Zeichnungen: Grafische Produktion J. Neumann, Rimpar
Einbandgestaltung: Erwin Poell, Heidelberg;
Designbüro MESCH, Mannheim
Druck: Druckerei zu Altenburg, Altenburg
Printed in Germany
ISBN 3-12-560773-6

Inhaltsverzeichnis

TEIL 1
TECHNISCHES ENGLISCH IN TEXTEN

Willkommen zu Teil 1 von *Technischem Englisch im Griff*.

Als Fachmann/-frau auf dem Gebiet der Technik – ob im universitären Bereich oder im Betrieb – werden Sie in diesem Teil des Buches lernen, wie man z. B. technische Einrichtungen, Maschinen oder technische Abläufe beschreibt und wie man Bedienungsanleitungen liest und übersetzt.

Hierzu werden Sie die notwendigen Text- und Grammatik-Strukturen, wie sie in der technischen Fachsprache des Englischen verwendet werden, kennen lernen und üben. Dazu gehören z. B. die verschiedenen Zeitformen, häufig verwendete Verben, Bedingungssätze, Präpositionen, die Modalverben, wichtige Konjunktionen und außerdem eine Reihe nützlicher Textbausteine, die Sie später immer wieder verwenden können.

Zum Aufbau der Kapitel

Jedes Kapitel beginnt mit einem Textbeispiel. Lesen Sie das Beispiel sorgfältig und versuchen Sie, die darin enthaltenen textlichen und grammatikalischen Muster zu erkennen. Da alle Textbeispiele aus Originaltexten rund um das Thema Technik stammen, enthalten sie auch eine Fülle nützlicher, fachsprachlicher Wörter. Im umfangreichen Glossar am Ende des Buches können Sie neue, Ihnen unbekannte Wörter und Wendungen nachschlagen.

Wenn Sie das Textbeispiel gelesen haben, gehen Sie weiter zum *Language Focus*. Hier wird der im Textbeispiel präsentierte Lernstoff erklärt.

In manchen Kapiteln finden Sie auch die Rubrik *Did you know?*. Hier erhalten Sie zusätzliche Informationen zu besonderen Finessen der englischen Sprache.

Bearbeiten Sie die Rubriken *Language Focus* und *Did you know?* nicht zu schnell und schauen Sie sich das eingangs präsentierte Textbeispiel nochmals an, bevor Sie zum Übungsteil *Your Turn* übergehen. Dann meistern Sie auch die anschließenden Übungen im Handumdrehen!

In den Übungen können Sie den Lernstoff wiederholen und festigen. Falls Sie dort einmal ein Wort oder eine Wendung nicht verstehen, schauen Sie im Glossar am Ende des Buches oder in Ihrem Wörterbuch nach, bevor Sie die Aufgabe lösen. Aber keine Sorge: Sie müssen nicht unbedingt jedes einzelne Wort verstehen, um die sprachlichen Strukturen korrekt anwenden zu können.

Bitte beachten Sie: Auch wenn es in diesem Teil des Buches vor allem um Grammatik und Textstrukturen geht, können Sie bereits hier Ihre Wortschatzkenntnisse beträchtlich erweitern!

Nun sind Sie an der Reihe! Das Tempo bestimmen Sie selbst. Viel Spaß!

TEIL 1

TECHNISCHES ENGLISCH IN TEXTEN FUNCTIONS AND STRUCTURES IN TECHNICAL ENGLISH

A. *Technische Beschreibungen –* Technical Description

1. *Wie beginnt man eine Beschreibung? –* Starting the description

HEWLETT PACKARD stellt seinen **HP LaserJet 5000** (im Internet) wie folgt vor:

© Hewlett Packard

The HP LaserJet 5000 printer is a 16 ppm laser printer that comes standard with a 100-sheet multi-purpose Tray 1, a 250-sheet Tray 2, and 4 MB of memory. It is designed for workgroups and can print on paper sizes up to A3 and 11 x 17.

Die wohl häufigste Form ist die direkte Einleitung unter Angabe des Firmennamens, des Produktes bzw. dessen Namen sowie die Nennung des Firmen(haupt)sitzes.

For example ...

- Nintendo of Japan **is introducing** its first virtual-reality video game system developed for the mass market.
  *Die japanische Firma Nintendo **stellt** das erste Virtual-Reality Videospielsystem **vor**, das für den Massenmarkt entwickelt wurde.*

- A&B Enterprises, based in Philadelphia, Pa. **is marketing** a valve cap that constantly monitors your tires' air pressure.
  *A&B Enterprises, die ihren Sitz in Philadelphia, Pa. haben, **vermarkten** einen Ventilkopf, der Ihren Reifendruck ständig überwacht.*

- PLUS Co. of Allendale, New Jersey **is selling** a pocket knife-style device ...
  *PLUS Co. aus Allendale, New Jersey **verkauft** ein taschenmesserartiges Gerät ...*

- Ergodyne, a Minnesota company, **has developed** a software program...
  *Ergodyne in Minnesota **hat** ein Software-Programm **entwickelt** ...*

- BoyGen Power Co., a Johannesburg-based firm, **is starting** production on this ... radio station.
  *Die in Johannesburg angesiedelte Firma BoyGen Power Co. **beginnt** ihre Produktion auf dieser ... Radiostation.*

- British-based Sonicut **has introduced** a tile cutter ...
  *Die in Großbritannien beheimatete Firma Sonicut **hat** einen Fliesenschneider auf den Markt **gebracht**...*

 **Language Focus**

Die häufigsten Einleitungen können wie folgt zusammengefasst werden:

Company A	is	introducing	a tile-cutter.	führt ... ein
		offering	a new translator.	bietet ... an
		selling	a pocket-knife device.	verkauft
		marketing	a valve cap.	vermarktet
		distributing	a water softener.	vertreibt

Grammatikalisch wird in den vorgenannten Fällen die **Verlaufsform der Gegenwart** (das *Present Progressive*) angewandt, um einen **im Gang befindlichen**, aber **kurzzeitigen** Vorgang anzuzeigen.

Typische Signalwörter – *key words* sind hierfür:

at the moment	currently	now	presently	still
im Moment	*gegenwärtig*	*jetzt*	*zur Zeit*	*noch*

Company A	has	devised		erdacht
		designed		entwickelt
		introduced	hat	eingeführt
		produced		hergestellt
		invented		erfunden

Man verwendet hier das **Perfekt** (das *Present Perfect*), um ein Ergebnis darzustellen, das in der Vergangenheit seinen Ursprung hatte und nun präsentiert wird.

Für das **Perfekt** typische Signalwörter sind:

already	just	recently	so far
schon	*gerade*	*in letzter Zeit*	*bis jetzt*

 ## Your Turn 1 *Auf den Markt kommen –*
Getting onto the market

Tragen Sie nun bitte die korrekte Zeit in die Lücken ein.

1. *Federal Pacific Enterprises aus Terre Haute, Indiana, USA* **verkauft**
   *ein tragbares, leichtes Massagekissen, das sich an jede Steckdose
   anschließen lässt.*

   Federal Pacific Enterprises of Terre Haute, Indiana, USA ....

   .... a portable lightweight massage pad
   that plugs into any wall outlet.

   a) is selling   b) has sold   c) sell

2. *RICOHs Gruppe für Verbraucherartikel, die in Sparks, Nevada, USA
   angesiedelt ist,* **stellt** *die erste Digitalkamera der Welt* **vor**, *die Still-
   bilder und bewegte Szenen mit Ton aufnehmen und wiedergeben
   kann.*

   RICOH consumer products group located in Sparks, Nevada, USA

   .... the world's first digital
   camera that can record and play back still images and full motion
   scenes with sound.

   a) introduced   b) has introduced   c) is introducing

3. *Eine Firma in Minneapolis* **hat** *das Rowbike* **vermarktet**, *welches
   ein Rudergerät und ein Fahrrad vereint.*

   A Minneapolis company ....

   .... the Rowbike which merges a rowing
   machine and a bicycle.

   a) is marketing   b) has marketed   c) marketed

*4. Der BN 22 (Computer) **stellt** dank seiner kleinen Größe und seines eingebauten Bubble-Jet Mikrodruckers, der nur ungefährliche Tinte verwendet, einen gelungenen Streich auf die Umwelt **dar**.*

Thanks to its small size and its integrated micro Bubble-Jet printer,

the BN 22 .... an environmental coup.

a) is representing   b) represents   c) has represented

*5. Identiti-Kit **hat** ein spezielles Softwarepaket **entwickelt**, ...*

Identiti-Kit .... a special software packet ...

a) developed   b) has developed   c) have to develop

Ergänzen Sie nun bitte die Satzglieder gemäß der angegebenen Signalwörter nach folgendem Beispiel:

Melilla / market / screen saver / right now

Melilla is marketing a screen saver right now.

6. Microsoft / *currently* / develop / special software

....

7. X-Image / of San Torano, Texas / *just* / market / device / that detects snoring

....

8. Bar-code scanning / *recently* / revolutionize / data collection industry

....

9. Carl Zeiss of Jena / manufacture / microscopes / in smaller quantities / *at the moment*

....

10. IBM / produce / a vast amount of upmarket computers / *at present*

....

11. Mecana / streamline / its company structure / *so far*

....

12. The entrepreneurial team / *already* / introduce / a wide range of cutting-edge cutting tools

2. *Wie gibt man Abmessungen und Gewichte an?* Giving weights and measurements

Abmessungen und Gewichte sind heutzutage wichtige Kriterien der Konkurrenzfähigkeit. Die zitierten Beispiele sind der ‚Anglo-Welt' entnommen. Sie beinhalten demzufolge auch das Zoll-System, zu dem im Abschnitt *Did you know?* auf Seite 13 noch näher Stellung bezogen wird.

Die Abbildung des Taktgebers verdeutlicht die wichtigen Abmessungen eines Produktes.

SOLID-STATE TIMER

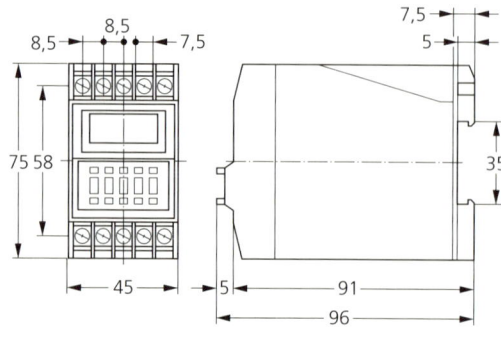

The featured timer has a length of 96 cm, is 45 cm wide and 75 cm high.

Das wird wie folgt gesprochen:

The featured timer has a length of ninety-six centimeters, is forty-five centimeters wide and seventy-five centimeters high.

Wissen Sie, wie diese Maßangaben auf Englisch ausgesprochen werden? In diesem Abschnitt werden Sie es erfahren.

1. 4 cm wide
2. 18 ft in length
3. a 15" monitor
4. 6 cm x 4 cm x 8 cm
5. 0.5 kg
6. 1.5 kg

For example ...

Die nachstehenden Beispiele verdeutlichen die üblichen maßlichen Darstellungen:

● This product is **nine by four centimeters** and weighs **less than half a kilogram**.

● The product has a full alphanumeric key pad and a **four-line by 20-character** display.

- The Happy Bike, which is recommended for children **up to 70 pounds**, is equipped with a bright green **three-foot high** safety flag.

- The device, which **weighs about eight ounces**, features an adjustable strap.

- The television **weighs about 10 ounces** and features a **2.2 inch** color LCD screen.

- The device, which is fitted with a color camera, **weighs about 23 kilograms, measures 37 centimeters high** and **50 centimeters** at its widest point. Its small size allows it to negotiate access hatches **as narrow as 60 centimeters**.

- The small FM radio **measures 1.3 centimeters by 4 centimeters by 6 centimeters and weighs 28 grams.**

- The unit consists of a **10-pound**, pressure-sensitive platform that **measures 15 inches square**.

 Did you know?

Aus den Beispielen wird deutlich, dass man überwiegend das Imperialsystem (Zollsystem) und nur manchmal das metrische System zur Angabe von Maßen und Gewichten verwendet.
Die Maßangaben stammen vorwiegend aus amerikanischen Quellen.

Die Schreibweise *meter, centimeter* und *millimeter* ist vorherrschend. Das britische Englisch benutzt meist noch die französische Schreibweise *metre, centimetre* und *millimetre.*

Vordergründig ist das Verb **measure** zu finden, das mit **misst** – oder besser – mit **besitzt die Abmessung** zu übersetzen ist.

Die Präposition **by** stammt von der ausführlichen Formulierung **multiplied by**, also **multipliziert mit** oder **mal** und stellt die umgangssprachliche Kurzfassung dar.

 ## Language Focus

Fällt ein Zahlwort mit einem Hauptwort zusammen, steht das Hauptwort im Englischen, im Gegensatz zum Deutschen, im **Singular**:

a **three-storey** building   *ein drei Stockwerke umfassendes Gebäude*

Maßeinheiten im Zähler, die >1 sind, werden, abweichend vom Deutschen, im **Plural** ausgesprochen, z. B.:

$2.5 \, N / cm^2$: two point five Newtons per square centimeter

Maßeinheiten, die <1 sind, werden wie folgt gesprochen, z. B.:

0.5m: (zero) point five meters   *(Amerikanisches Englisch)*

(nought) point five metres   *(Britisches Englisch)*

Abmessungen – *Measurements*

Können Sie diese Tabelle vervollständigen?
Die anschließenden Ausführungen können Ihnen dabei helfen.

Hauptwort	Adjektiv	Hauptwort	Adjektiv
length			high
	wide		deep
breadth		thickness	

Length or long?

The bar is two metres long.

The bar is two metres in length.
The bar has a length of two metres.

The length of the bar is two metres.

Länge oder lang?

Die Schiene ist zwei Meter lang.

Die Schiene hat eine Länge von zwei Meter.

Die Länge der Schiene beträgt zwei Meter.

Width / breadth or wide / broad?

The block is six metres wide / broad.

The block is six metres in width / breadth.
The block has a width / breadth of 6 m.

The width / breadth of the block is 6 m.

Breite oder breit?

Der Block ist sechs Meter breit.

Der Block hat eine Breite von sechs Meter.

Die Breite des Blocks beträgt sechs Meter.

Height or high?

The monument is 100 metres high.
The monument is 100 metres in height.

The monument has a height of 100 m.

The height of the monument is 100 m.

Höhe oder hoch?

Das Denkmal ist 100 m hoch.

Das Denkmal hat eine Höhe von 100 m.

Die Höhe des Denkmals beträgt 100 m.

Thickness or thick?

The sheet is five millimetres thick.

The sheet has a thickness of 5 mm.

The thickness of the sheet is 5 mm.

Dicke oder dick?

Die Tafel ist fünf Millimeter stark.

Die Tafel hat eine Dicke von 5 mm.

Die Dicke der Tafel beträgt 5 mm.

Depth or deep?

The drilling hole is 500 m deep.
The drilling hole is 500 m in depth.

The drilling hole has a depth of 500 m.

The depth of the drilling hole is 500 m.

Tiefe oder tief?

Das Bohrloch ist 500 m tief.

Das Bohrloch hat eine Tiefe von 500 m.

Die Tiefe des Bohrloches beträgt 500 m.

 **Your Turn 2** *Abmessungen* – **Measurements**

Teil 1

Schreiben Sie die in den Bildern angegebenen Abmessungen unter Verwendung der nachstehenden Worte wie folgt auf:

1. total length / car

> *The total length of the car is 5 m (five meters).*
> *The car has a total length of 5 m.*
> *The car measures 5 m in length.*

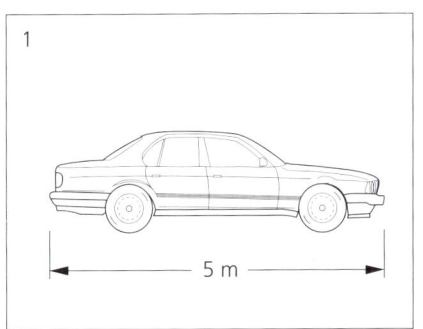

1

5 m

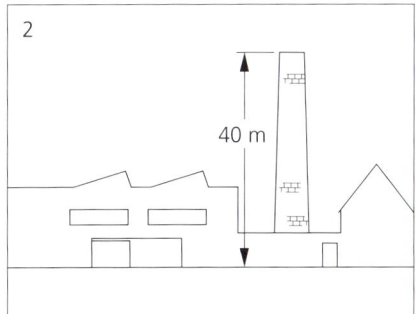

2

40 m

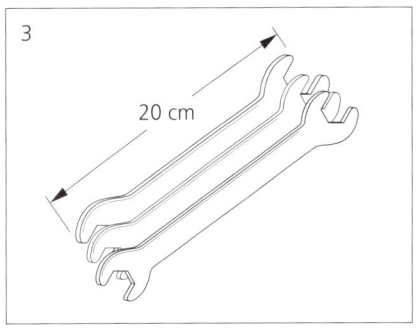

3

20 cm

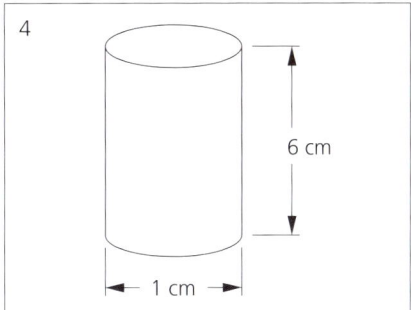

4

6 cm

1 cm

2. height / chimney

....

....

....

3. length / spanner (US: wrench)

....

....

....

4. diameter; height / cylinder

....

....

....

....

....

....

Teil 2

Setzen Sie bitte die fehlenden Buchstaben für die Abmessungen gemäß der Zeichnung auf Seite 19 in den Text ein:

1. .... is the total length measured from the suction stub to the end of the pump body.

2. To place the pump at the appropriate level, you need to observe the measure .... consisting of the measures .... and ....

3. .... constitutes the measure from the level of the base plate to the center point of the suction stub.

4. .... is the measurement from the suction stub center to the delivery stub level.

5. To fix the pump to the base plate, the measures .... and .... for the mounting holes have to be followed.

6. The size of the base plate has to be larger than the measures .... and ....

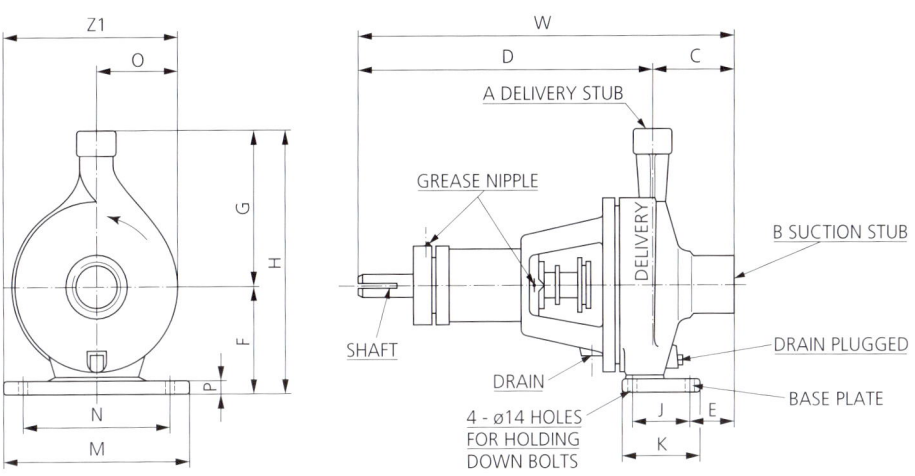

Setzen Sie nun die fehlenden Maße (in Millimeter) gemäß der folgenden Tabelle in die Textlücken ein.

F	G	H	J	K	M	N	O	W	Z_1
112	175	287	180	140	232	192	78	600	250

7. The total length (   ) measures .... mm.

8. The distances (/   ) between the four holes for holding down the bolts are .... mm and .... mm.

9. The level of the delivery stub (   ) is .... mm.

10. The area of the base plate (x   ) has to be at least .... mm by .... mm.

11. The measure (   ) between the base plate level and the suction stub center point is .... mm.

12. In case of narrow space conditions observe the measure (   ) of .... mm.

Derived metric units

Abgeleitete metrische Einheiten

Hierzu gehören die Fläche, das Volumen bzw. das Fassungsvermögen.

Area

Die Fläche

The plate **has** an **area** of four square metres.

Die Platte hat eine Fläche von vier Quadratmeter.

The **area** of the plate is four square metres.
The plate is four metres **in area**.

Die Fläche der Platte beträgt vier Quadratmeter.
Die Platte hat eine vier Quadratmeter große Fläche.

Volume

Das Volumen

The brick **has** a **volume** of 2000 cm³.

Der Ziegelstein hat ein Volumen von 2000 cm³.

The **volume** of the brick is 2000 cm³.

Das Volumen des Ziegelsteins beträgt 2000 cm³.

The brick is 2000 cm³ **in volume**.

Der Ziegelstein hat ein Volumen von 2000 cm³.

Capacity

Die Kapazität / das Fassungsvermögen

The **capacity** of the tank is 25 m³.

Das Fassungsvermögen des Tanks beträgt 25 m³.

The tank **has** a **capacity** of 25 m³.
The tank is 25 m³ in capacity.

Der Tank hat ein Volumen von 25 m³.

 **Your Turn 3** *Fläche und Volumen* – **Area and Volume**

Beschreiben Sie bitte die folgenden Körper im Hinblick auf die Fläche bzw. das Volumen:

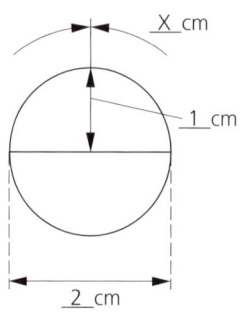

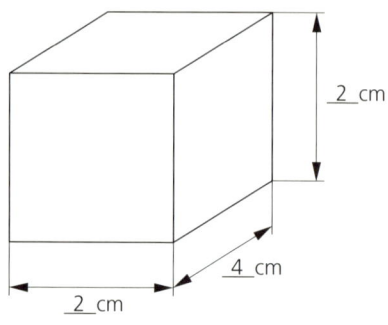

Area = _____cm²

Volume = _____cm³

1. The diameter is .... cm. So the area is calculated by multiplying π by d^2 (the diameter squared) divided by 4. If the length had been given, you might have calculated the volume too.

    The area is .... cm.

2. The area of the cube is .... cm², its volume is .... cm³.

 **Your Turn 4** *Maße und Gewichte* –
Measures and Weights

Fügen Sie bitte die fehlenden Wörter in die nachstehenden Sätze ein.

1. *Die ferngesteuerten Sicherheitslampen beleuchten eine Fläche **von ungefähr 2 Fuß mal 4 Fuß** für 25 Sekunden.*

    The remote-controlled security lamps light up an area of ....
    .... for 25 seconds.

2. *Das Family Massage Center, welches **ungefähr 6 Zoll breit, 4 Zoll hoch und 0,5 Zoll dick** ist, kann an der Wand montiert werden.*

The Family Massage Center, which is ....,

.... can be mounted on the wall.

3. *Die Solarfelder, **die weniger als 1 / 16 Zoll dick sind**, sind wie ein Akkordeon-Balg angeordnet.*

The solar panels, ..., are arranged accordeon-style.

4. *Das Telefon hat einen **5-Zoll, 16-Zeilen-Bildschirm**, eine einge-baute Uhr und eine einziehbare Tastatur.*

The telephone has a ...., a built-in clock and a retractable keyboard.

5. *Das billigste Model **wiegt 10 Unzen** und wird mit zwei N-Batterien betrieben.*

The cheapest model ...., and runs on two N-sized batteries.

6. *Der Monitor hat ein **3 Zoll großes**, wellenartiges Profil und **wiegt unter 4 Pfund**.*

The monitor has a wavelike .... profile and

....

3. Wie werden Eigenschaften und Merkmale angegeben? – Describing features

Die folgenden Beispiele sollen Ihnen die Variabilität der Ausdrucksformen nahebringen, aber auch eine Anregung für Sie sein, eigene Erzeugnisbeschreibungen anzufertigen.

Unterteilen wir der Übersicht halber die Satzstrukturen in folgende Verbände:

Subjektverband	Prädikatsverband	Objektverband
The portable TV	comes with	a strap that doubles as an antenna.
The watch	comes equipped with	a night light.
The unit	features	reserve circuitry that can be switched on ...
The device	operates	in hot and cold temperatures.
The sensor	accesses	information by 'reading' light bars.
The new office tool	incorporates	stapler, staple remover, ...
It	combines	a speaker with a microphone.
Other features	include	automatic power-off, ...

Die Beispiele lassen die verschiedenen Möglichkeiten gut erkennen. Sie werden Ihre Darstellungsformen immer im Zusammenhang mit Ihrem Produkt sehen.

24

Language Focus

Die genannten Beispiele verdeutlichen Ausdrücke wie:

The device **features** ...

Das Gerät **besitzt / verfügt über** ...

The device **comes with** ...

Weitere häufige Ausdrücke sind:

It **combines / incorporates / comprises** ...

Es **vereint / beinhaltet / umfasst** ...

Die Begriffe **feature** oder **main features** werden in der Regel in Prospekten und Bedienungsanleitungen verwendet.
Das Verb **have** bleibt im Bereich der Umgangssprache.

 **Your Turn 5** *Merkmale und Eigenschaften –*
Features and Properties

Fügen Sie bitte die fehlenden Wörter aus der DATA-BANK auf Seite 27 in die folgenden Sätze ein.

1. *Das System* **verfügt über** *Video-Mail, welches wie E-Mail arbeitet. Es* **beinhaltet** *die gesamte Hardware – eine Kamera, ein Modem und ein Video.*

   The system .... a video mail, which works like

   e-mail. It .... all hardware – a camera, a modem

   and a video.

2. *Eine Geschwindigkeitsregelung **gestattet** dem Anwender die Intensität der Massage zu **regulieren**.*

A speed control .... the user to ....

.... the intensity of the massage.

3. *Die Hardware **beinhaltet** einen künstlichen Arm **aus** hochfestem Graphit, welcher ergonomisch konstruiert und zur leichteren Handhabung mit einem Gegengewicht versehen ist.*

The hardware .... an artificial arm ....

.... high-strength graphite that is ergonomically

designed and counterbalanced for easy manipulation.

4. *Das Gerät **überwacht genau**, wie lange Sie der Sonne ausgesetzt sind und warnt Sie, wenn Sie zu lange in der Sonne liegen.*

The device .... how long you have been in the

sun and warns you if you are getting too much exposure.

5. *Ein UV-B Sensor **merkt sich genau** die Intensität der Sonne. Wenn die Strahlen ein gefährliches Niveau erreichen, **ertönt** ein Alarm.*

A UV-B sensor .... of the sun's intensity.

An alarm .... when the rays reach dangerous levels.

6. *Seine automatische Tönungsfunktion **wird automatisch eingestellt**, um möglichst naturgerechte Bilder zu erhalten.*

Its Auto Hue feature .... to get the most

natural colors.

DATA BANK

monitors	features	allows	comprises
will automatically	adjust	keeps track of	made of
sounds	control	incorporates	

Fähigkeiten werden in den meisten Fällen mit den folgenden Hilfsverben angegeben.

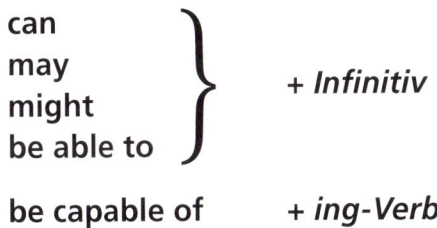

Im Passiv werden Fähigkeiten mit **can be + 3. Verbform** (*Partizip der Vergangenheit*) ausgedrückt. Hier einige Beispiele:

A jet **can** travel at incredible speeds.

A computer **can be linked** to the Internet.

Scales **are capable of comparing** things by weighing.

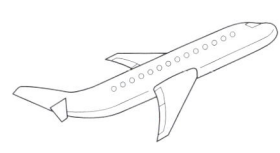

The device **can store** up to 70 entries.

A chemical is needed that **can be attacked** by bacteria and other chemicals.

Plastics **can be made biodegradable** by adding starch.

Fähigkeiten können durch sachliches **will-Futur** vorausgesagt werden, wenn man von geplanten Vorhaben spricht oder an solche denkt.

The bridge **will carry** 2000 vehicles in one direction.

The Telecom Tower **will house** more than 200 small-size company offices.

Fähigkeiten können auch durch Verben verdeutlicht werden, die eine (Nicht-) Fähigkeit zum Inhalt haben, wie z. B.:

manage	bestehen, fertig bringen
fail	nicht bestehen / gelingen
succeed in	gelingen, Erfolg haben

I **managed** to pass the pre-exam, but **failed** in the final exam.
*Mir **gelang** es die Vorprüfung zu bestehen, **scheiterte** aber in der Abschlussprüfung.*

Compo & Co **succeeded in** increas**ing** sales by eight percent.
*Compo & Co. **gelang** es den Umsatz um acht Prozent zu steigern.*

 **Your Turn 6** *Man kann alles schaffen –*
It does the lot

In der Liste finden Sie einige Verkaufsargumente für den Pager. Versuchen Sie nun den Text der Werbeanzeige zu ergänzen. Nehmen Sie dabei die *Feature List* zur Hilfe. Aber aufgepasst! Einige Änderungen müssen Sie noch vornehmen.

The Personal Pager – Feature List

- scrolling through the messages
- message storage
- speed selection
- message displaying
- a choice of signals

- incoming message announcement
- tabletop use
- wall mountable
- color availability

THE PERSONAL PAGER

PAGECO introduced a low-priced pager last week. Messages of up to

120 characters can be .... (1) across the device's screen. The

unit is capable of .... (2) as many as 15 messages.

Users are able to .... (3) the speed at which

messages are .... (4) on the screen. They can

.... (5) from five signals that .... (6)

incoming messages. The unit can be .... (7) on any table or

.... (8) on a wall. The pager is .... (9)

in blue, grey, white and black and comes with a carrying case.

5. *Angaben zur Energiequelle / Energieeinspeisung* Describing energy sources

Diese Angaben sowie Angaben zur Lebensdauer bestimmter Energiequellen sollen anhand der folgenden Beispiele verdeutlicht werden.

The	radio	**runs on**	a lithium battery.	
	watch	**operates on**	solar power.	AKTIV
	lawn mower	**features**	a solar-run generator.	

The	camera	**is run by**	three batteries.	
	device	**is operated by**	208-volt, 400-cycle, three phase, AC.	PASSIV
	printer	**is powered by**	a battery pack.	
	sensor	**is driven by**	electricity.	

Die ersten drei Beispiele belegen die Gegenwartsform im *Aktiv*, während die letzten vier im *Passiv* angegeben sind.

 ## Language Focus

Im Bereich wissenschaftlich-technischer Arbeiten ist die Verwendung der *Passivformen* im Englischen noch stärker ausgeprägt als im Deutschen.

WICHTIGE REGELN!

Das *Objekt* des *Aktiv*satzes wird zum *Subjekt* des *Passiv*satzes. Der Verursacher wird im Passivsatz durch die Präposition **by** verdeutlicht.

Beispiel:

Aktivsatz	A battery	powers	the printer.
	Subjekt		Objekt
Passivsatz	The printer	is powered by	a battery pack.
	Subjekt		Verursacher

For example ...

● **Battery-run** it gives results in about three minutes.
Es ist batteriebetrieben und gibt Ergebnisse in ca. drei Minuten.

● **Run on** a nine-volt battery the device is equipped with ...
Mit einer 9 V-Batterie gespeist ist das Gerät mit ... ausgerüstet.

● The **battery-powered** transmittor is attached near the front door.
Der batteriebetriebene Geber ist in der Nähe der Haustür angebracht.

● For **battery operation** use six R14 (size C) batteries.
Für der Batteriebetrieb verwenden Sie sechs R14-Batterien.

● The device **is equipped with** a rechargeable backup battery.
Das Gerät ist mit einer wiederaufladbaren Batterie für Notstrom ausgerüstet.

● A **25-horse-power** outboard engine is available.
Ein 25 PS-Außenmotor steht zur Verfügung.

● **Electrically driven** pumps must be connected to socket outlets with an earthing contact.
Elektrische Pumpen nur an Steckdosen mit Schutzkontakt anschließen.

● The machine **must be connected** to an AC power outlet with a professionally installed shock-proof socket.
Die Maschine ist ordnungsgemäß an eine Wechselstrom-Steckdose anzuschließen.

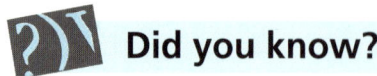

Did you know?

In den Beispielen sind drei Verben besonders auffällig. Im Folgenden sehen Sie eine kurze Auflistung dieser Verben, deren Übersetzungsmöglichkeiten und Anwendungen.

operate	antreiben, arbeiten, betreiben, funktionieren
power	antreiben, (ein)speisen, versorgen
run	antreiben, arbeiten, betreiben, funktionieren

Da die deutschen Entsprechungen sehr ähnlich sind, ist ein Austausch dieser Verben ohne weiteres möglich, ohne dass bei einer Übersetzung Feinheiten verloren gehen.

Die häufigsten Anwendungen sind:

	runs on
	runs by
	uses
The device	**contains**
	is operated on / by
	is powered by
	is driven by
	is equipped with

Aber auch der Gebrauch zusammengesetzter Adjektive ist häufig. Dabei stehen vordergründig für viele Kombinationen folgende Begriffe:

battery-powered	batteriebetrieben
battery-run	für Batteriebetrieb
power-driven	kraftgetrieben
solar-powered	solarbetrieben
solar-run	für Solarbetrieb

Aus den Beispielen wird ersichtlich, dass die zusammengesetzten Adjektive Kurzformen darstellen, die für nicht angewandte Relativsätze stehen, wie folgendes Beispiel verdeutlichen soll:

SHORT FORM

a horse-drawn carriage

LONG FORM

a carriage which is drawn by horses

Your Turn 7 *Relativsätze gesucht –* **Relative clauses wanted**

Wandeln Sie nun bitte die Kurzformen in lange Formen nach obigem Beispiel um:

Short Forms

Long Form

1. **hand-held** drills ....

2. **gas-fired** heating ....

3. **battery-operated** pocket radios ....

4. **copper-insulated** wire ....

5. **solar-run** generators ....

6. **battery-powered** cameras ....

7. **power-driven** machines ....

Your Turn 8 *Viel Kraft –* **A lot of power**

Ergänzen Sie nun bitte die nachfolgenden Sätze mit den Wörtern aus der DATA BANK auf Seite 34.

1. *Das Gerät wird mit einer Batterie gespeist.*

   The device .... one battery.

2. *Es ist ein batteriegespeistes Gerät.*

   It is a .... device.

3. *Das Haus wird mit Solarenergie versorgt.*

   The house is ....

4. *Das Gerät kann mit Strom als auch mit Batterie versorgt werden.*

   The device can be .... current or battery.

5. *Solarbetriebene Systeme werden immer mehr angewandt.*

   .... systems are used more and more.

6. *Die Stereoanlage verwendet 6 Batterien der Größe N.*

   The stereo radio set .... six N batteries.

7. *Die Fernbedienung enthält eine 9 V-Batterie.*

   The zapper .... a 9-V battery.

8. *Eine Windmühle wird durch Wind angetrieben.*

   A wind mill is .... wind power.

DATA BANK

runs on	solar-powered	battery-powered	solar-powered
powered by	uses	driven by	contains

B. *Wartungs- und Bedienungsanweisungen –* Maintenance and the Technical Manual

1. *Wie erteilt man Anweisungen? –* Giving instructions

Wie die Überschrift bereits besagt, werden bei Montagen, Aufstellungen und Wartungen Anweisungen gegeben, die einzuhalten sind. Grammatikalisch befinden wir uns im *Imperativ*, in der *Aufforderungsform*.

Im Englischen wird die deutsche Höflichkeitsform „Sie" nicht berücksichtigt. Die unpersönliche „man"-Form bietet sich für die Übersetzung in den meisten Fällen besser an.
Im Allgemeinen sind Betriebsanleitungen oder Fehlersuchprogramme eine logische Reihenfolge bzw. eine Folge vorgeschriebener Schritte.

 **Language Focus**

The Do's and Don'ts

Durch Einbeziehung der Häufigkeitsadverbien **always** und **never** bestimmt man die Ernsthaftigkeit der Anweisungen und Warnungen. Zwei Beispiele sind hier stellvertretend genannt:

Don't   1. **Never** touch hot spots without wearing gloves.
          Überhitzte Stellen niemals ohne Handschuhe berühren.

Do   2. **Always** wear gloves when handling acids.
          Beim Umgang mit Säuren immer Handschuhe tragen.

Tipp: ⇨ Häufigkeitsadverbien stehen im Englischen **vor** dem Hauptverb – außer bei "to be".

Beispiele:

Remove		from the packing carton.
Place	the food container	on the heating pad.
Clean		after each use.

Um eine leichte Handhabung hervorzuheben, verwendet man häufig adverbiell **just** oder **simply** für *einfach.*

Just	plug the checker	in a wall outlet.
Simply	toss three discs	into each wash load.
Simply	strap on the Interactor	and start playing.

An dieser Stelle nun ein paar Worte zum ***Imperativ***.

Entgegen der sachlichen Warnungen und Anweisungen im technischen Englisch, bleiben wir in der englischen Alltagssprache immer höflich:

Also nicht:	Give me the sugar.
Sondern :	Would you pass the sugar please?
Oder:	Could you please pass the sugar?

Operating Manual

Stereo Cassette Recorder

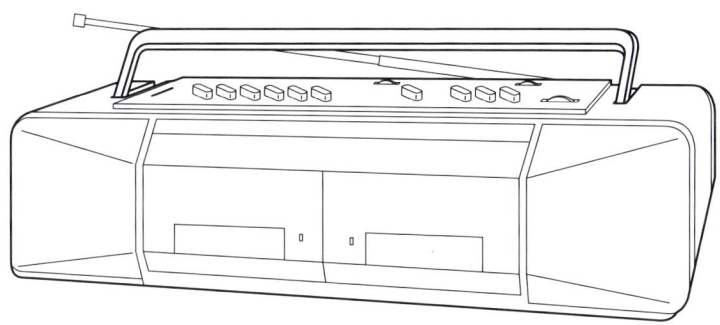

 Tipp: ➪ Besitzt der Hauptsatz und sein Nebensatz das glei-
che Subjekt, kann der Nebensatz mit einer **_Präpo-
sition und ing-Verb_** eingeleitet werden.

By pressing	the button, you can play back ...
When using	the pressure drill, make sure ...
Before starting	the device, do not forget to ...

 **Your Turn 9** *Die ersten Schritte* – **The first steps**

Tragen Sie bitte die korrekten Verbformen (Grundform, ing-Verb oder
Vergangenheit) von **connect** und **check** in die Lücken ein.

Before .... (1) the radio to an
AC outlet, ... (2) that the
operating voltage of the radio is identical with the
voltage of your local power supply.

> **connect, check**

You should .... (3) the following

chart with regard to the power requirement before

.... (4) the unit to the wall outlet.

Where purchased	Operation voltage
United Kingdom	240 V AC, 50 Hz
Continental European countries	220-230 V AC, 50 Hz
Other countries	110-120 V, 220-240 V AC adjustable, 50 / 60 Hz

VOLTAGE SELECTOR

220–240 V
110–120 V

After .... (5) your house current,

.... (6) the AC power cord supplied

to the AC IN jack.

If you want to operate the unit on batteries,

.... (7) that the AC power cord is not

.... (8) to the outlet.

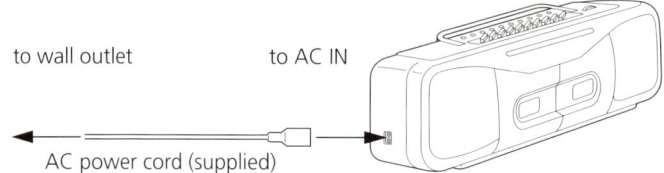

to wall outlet   to AC IN

AC power cord (supplied)

 **Language Focus**

Anweisungen erteilen – **How to give instructions**

1. shall

Mit dem Hilfsverb **shall** wird die strengste Form der Anweisung belegt. Es handelt sich hierbei um **vorschreibende** Verfahrensweisen. Eine nichtbefolgte **shall**-Anweisung zieht juristische Konsequenzen nach sich. Deshalb ist **shall**, abweichend vom Alltagsenglisch, mit

hat / haben unbedingt zu + Verb

zu übersetzen.

a) The instrument **shall** not be moved while operating.
   *Das Instrument **ist** während des Betriebes **keinesfalls zu verschieben**.*
   *Das Instrument **darf** während des Betriebes **nicht verschoben werden**.*

b) All operating instructions **shall** have a trouble-shooting section.
   *Alle Bedienungsanweisungen **sind** mit einem Abschnitt „Fehlersuche" **zu versehen**.*

2. is / are to be + 3. Verbform

Mit dieser Form drückt man funktionswichtige Notwendigkeiten aus.

The cover **is not to be removed**.
*Der Deckel **darf keinesfalls entfernt werden**.*

3. must

Das Hilfsverb **must** folgt oft nach einer *shall*-Anweisung oder steht für sich allein. Die **Einhaltung** einer solchen Anweisung ist damit ebenfalls **zwingend**.

This section **must** clearly give instructions on how to eliminate defects.

*Dieser Abschnitt **muss** eindeutig aufzeigen, wie Fehler zu beseitigen sind.*

4. has / have to be + 3. Verbform

Es hat etwas zu geschehen. Dies ist ebenfalls ein strenge Form.

The cover **has not to be removed**.
*Der Deckel **darf nicht entfernt werden**.* → siehe auch 2.

5. need + ing-verb

Mit dieser Form drückt man ebenfalls Notwendigkeiten aus, die etwas persönlicher, aber auch etwas vorwurfsvoll zu verstehen sind.

The valve **needs cleaning**.
*Das Ventil **müsste** einmal gereinigt werden.*
*Das Ventil **bedarf** der Reinigung. (formell)*

6. should

Should stellt keine eigentliche Abweichung vom Umgangsenglisch dar, ist aber stets als eine **dringende Empfehlung** aufzufassen.

Das Nichtbefolgen einer **should**-Empfehlung zieht keine juristischen, wohl aber u. U. persönliche Konsequenzen bzw. Rechtfertigungen nach sich.

The hot spots of the firing system **should** not be touched without wearing gloves.
*Die überhitzten Zonen **sollten** nicht, ohne Handschuhe zu tragen, berührt werden.*

7. may

Sätze, die **may** enthalten, sind **richtungsweisend** und als zusätzliche Empfehlungen zu verstehen.

> Further safety measures **may** be added to the proposed ones.
> *Weitere Sicherheitsmaßnahmen **können** zu den bereits vorgeschlagenen hinzugefügt werden.*

8. Weitere Konstruktionen

> **When** the weight **is lifted,** the door will open.
> ***Wenn** das Gewicht **angehoben ist**, öffnet sich die Tür.*

Oder man drückt es so aus:

> **With** the weight **lifted**, the door will open.
> ***Bei angehobenem** Gewicht öffnet sich die Tür.*

> **With** the tank **filled** with water, valve V4 will be reopened.
> ***Wenn** der Vorratsbehälter mit Wasser **gefüllt ist**, öffnet sich das Ventil V 4 wieder.*

 **Your Turn 10** *Anweisungen* – **Instructions**

Entscheiden Sie bitte, welche Aussage sinnvoll ist:

1. *Der Wasservorratsbehälter muss nachgefüllt werden.*

	a. ☐	is to be	
The water tank	b. ☐	could be	refilled.
	c. ☐	should be	

2. *Der Monitor sollte nach jeweils zwei Monaten kontrolliert werden.*

	a. ☐	should be	
The monitor	b. ☐	may be	checked every two months.
	c. ☐	has to be	

3. *Das Ventil muss gereinigt werden.*

The valve
- a. ☐ must be
- b. ☐ should be   cleaned.
- c. ☐ can be

4. *Das Kopiergerät müsste überholt werden.*

The copier
- a. ☐ has been
- b. ☐ needs   overhauling.
- c. ☐ must be

5. *Verbrauchtes Öl ist zu wechseln.*

Used oil
- a. ☐ could be
- b. ☐ has to be   changed.
- c. ☐ should be

6. *Das Fließband muss gestoppt werden.*

The conveyor belt
- a. ☐ should be
- b. ☐ will be   stopped.
- c. ☐ has to be

7. *Der Elektroherd muss abgeschaltet werden.*

The electric cooker
- a. ☐ must be
- b. ☐ is   turned off.
- c. ☐ ought to be

8. *Das Ventilspiel muss nachgestellt werden.*

The valve clearance
- a. ☐ is to be
- b. ☐ should be   adjusted.
- c. ☐ needs to be

Verben

Sie werden sehr schnell erkennen, dass bei Wartungs- und Bedienungsanleitungen typische Verben vorherrschen.

Zu diesen Verben gehören:

attach	anfügen	**make sure**	sichergehen
be sure	Acht geben	**place**	anbringen, platzieren
check	kontrollieren	**plug**	(hinein)stecken
keep	halten	**position**	positionieren
clean	säubern, reinigen	**press**	(hinein)drücken
connect	verbinden	**remove**	entfernen
depress	(heraus)drücken	**secure**	sichern
detach	abnehmen	**switch**	schalten
ensure	sicherstellen	**turn**	drehen, schalten
handle	handhaben	**use**	benutzen
inspect	überprüfen		

Einleitender Infinitiv zur Verdeutlichung des Zweckes / Zieles (Infinitive of purpose)

To reproduce	an image,	edit it and press the print button.
To detach	the unit,	flip a lever.
To wipe away	the message,	press your finger on the red dot.
To fully **charge**	the radio,	turn the knob on the unit.

Um auszudrücken, dass **sich etwas machen lässt**, können Verben im Englischen im Aktiv verwendet werden (the middle voice).
Typisch sind Verben, die ein Verbinden bzw. Ankoppeln ausdrücken.

1. The clamp **fastens into** a floor joist.
   *Die Klammer **lässt sich an** einem Deckenbalken **anbringen**.*

2. A flip-down display that **clips onto** the helmet ...
*Eine herunterklappbare Anzeige, die **sich am** Helm **befestigen lässt**...*

> *..., die **am** Helm **befestigt wird**...*

3. An alarm **sounds** if bomb components are detected.
*Es **lässt** einen Alarm **ertönen**, wenn Bombenteile aufgespürt werden.*

4. A VCR-like box that **plugs into** the TV ...
*Eine Videorecorder ähnliche Box, die **sich an** das Fernsehgerät **anschließen lässt** ...*

Ein im Deutschen passivisch gebrauchtes Verb kann im Englischen im Aktiv verwendet werden. Typisch sind die folgenden Verben, die ein Verbinden bzw. Ankoppeln ausdrücken:

to attach to	sich anbringen lassen
to clip (on)to	sich anstecken lassen an
to close	sich umschließen lassen
to connect to	sich anschließen lassen an
to fasten to	sich anbringen / befestigen lassen
to mount with	sich befestigen lassen mit
to plug into / onto	sich anschließen lassen an
to shut off	sich abschalten lassen
to sound	ertönen lassen
to stuff into	sich (hin)einstecken lassen

 **Your Turn 11** *Mehr Anweisungen* – **More instructions**

Tragen Sie von den jeweils drei Möglichkeiten die richtige Form ein.

1. *Berühren Sie die überhitzten Stellen nicht, ohne Handschuhe zu tragen.*

   .... the hot spots without wearing gloves.

   a. ☐ Touch not   b. ☐ Do not touch   c. ☐ Not touch

2. *Vermeiden Sie, unter Strom stehende (hot) Kabel zu berühren.*

   .... hot wires.

   a. ☐ Avoid to touch   b. ☐ Avoid touching   c. ☐ Prevent to touch

3. *Das grüngelb markierte Kabel ist im Stecker an Anschluss anzuschließen.*

   The green and yellow marked wire .... connected
   to the terminal E in the plug.

   a. ☐ must be   b. ☐ needs to be   c. ☐ will be

4. *Mit dem Knopf A stellen Sie die ordnungsgemäße Temperatur für
   die spezielle Stoffart ein.*

   You .... the correct temperature for each specific
   kind of textile with knob A.

   a. ☐ can set   b. ☐ may set   c. ☐ shall set

5. *Achten Sie darauf, dass Kinder das Gerät nicht berühren.*

   .... that children cannot touch the device.

   a. ☐ Look at   b. ☐ Take care   c. ☐ Watch

6. *Schalten Sie beim Verlassen des Raumes, auch wenn es nur für kurze Zeit ist, das Gerät ab.*

.... the device when leaving the room, even if it is only for a short time.

a. ☐ Switch always off   b. ☐ Switch off   c. ☐ Always switch off

7. *Das Gerät niemals benutzen, wenn es schadhaft ist.*

.... the appliance if it is damaged in any way.

a. ☐ Use never   b. ☐ Never use   c. ☐ Do not use never

8. *Prüfen Sie die Spannungsangaben auf dem Typenschild mit der Netzspannung Ihrer Wohnung.*

.... if the voltage rate on the typeplate corresponds to the main voltage.

a. ☐ Prove   b. ☐ Proof   c. ☐ Check

9. *Drücken Sie den Auslöseknopf halb herunter; dann wird die Meldung wiedergegeben.*

.... the shutter button half way. The message is then played back.

a. ☐ Depress   b. ☐ Squeeze   c. ☐ Drag

10. *Um ein Foto zu machen, drücken Sie den Auslöseknopf völlig herunter.*

To take a photo, ... the shutter button fully.

a. ☐ Press   b. ☐ Depress   c. ☐ Release

11. Setzen Sie dieses Gerät keiner hohen Feuchtigkeit, Wärme oder direkter Sonnenstrahlung aus.

.... the unit to high humidity, heat or direct sunlight.

a. ☐ Expose not   b. ☐ Do not expose   c. ☐ Do not set out

12. Öffnen Sie die Batterie, indem Sie die Abdeckung in die Richtung des Pfeiles bewegen.

.... the battery by moving the cover in the direction of the arrow.

a. ☐ Make open   b. ☐ Open   c. ☐ Let open

13. Verwenden Sie zur Reinigung der Gehäuseoberfläche keine starken Lösungsmittel.

.... strong solvent fluids for cleaning the casing surface.

a. ☐ Use not   b. ☐ Do not use   c. ☐ Use

14. Um eine Mitteilung im Voraus aufzuzeichnen, drücken Sie den Aufnahmeknopf und sprechen in das Mikrophon.

To record a message in advance, ... the record button.

a. ☐ Activate   b. ☐ Deactivate   c. ☐ Proactivate

15. Schalten Sie das Radio mit dem Funktionswahlschalter ab.

.... the radio with the function selector.

a. ☐ Switch up   b. ☐ Switch out   c. ☐ Switch off

2. *Sicherheitsvorkehrungen* – Safety precautions

Bedingungen / Voraussetzungen darstellen – Stating conditions

For example ...

How to handle a fruit-press safely

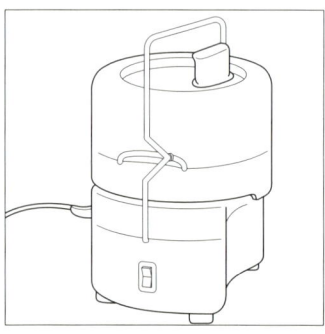

Operate the unit only
with the top locked.

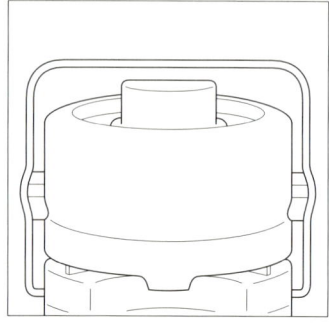

Be sure that the juice outlet is
located above the recess in the
motor base.

Ensure that the clamping handle is
snapped into its operating position.

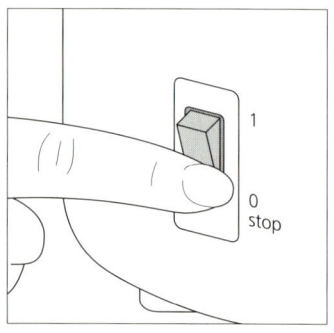

Brake and open only after
drum has stopped.

Aus der vorherigen Beschreibung und der folgenden Übersicht ersehen Sie die charakteristischen Merkmale zur Darstellung von Bedingungen und Voraussetzungen.

- **When** the water is dirty, use a filter.
- **When** the unit is employed for pumping water, use a container.
- **If** the pump is used to convey media other than water, ...
- **In the case of** pumps with a special cover, remove the bolts.
- **Be sure (that)** the O-rings fit tight.
- **Make sure (that)** all air inlets and outlets are unobstructed.
- **Make certain (that)**
- **Ensure (that)** the pump has been stopped.
- **With control valve 2 closed**, a pressure build-up may occur.
- **When** control valve 2 **is closed**, excessive pressure may build up.
- **By opening** control valve 2, a pressure build-up is prevented.

 ## Language Focus

Wie aus den Beispielen zu erkennen ist, werden Bedingungen oder Voraussetzungen durch folgende Worte bzw. Strukturen ausgedrückt:

if und when	wenn (falls und sobald)
in the case of	im Falle
Make sure (that) ...	Vergewissern Sie sich, dass ...
Ensure (that) ...	Sichern Sie ab, dass ...
Make certain (that) ...	Es ist sicherzustellen, dass ...
	Sehen Sie nach, ob ...
With something done ...	Indem man etwas getan hat, ...
Präposition + **ing-Verb**	

 Tipp: ⇨

Beginnt ein Bedingungssatz mit dem **if**- bzw. **when**-Satz, steht nach diesem ein Komma.
Beginnt der Gesamtsatz mit dem Hauptsatz, steht zwischen beiden Satzteilen kein Komma.
Es besteht ein bedeutsamer Unterschied zwischen **if** und **when**.

Es gilt:

if   ist an eine Bedingung gebunden, also im Sinne von „falls" zu verstehen.

when bezieht sich auf einen Zeitpunkt bzw. allgemein auf eine gegebene Situation.

Ein Verwechseln beider Wörter kann „fatal" sein!

Beispiel: 1. **When** you are dissatisfied with our service, do not hesitate to call us.
(Your dissatisfaction is guaranteed! It's only a question of time before you complain.)

2. **If** you are dissatisfied with our service, do not hesitate to call us.
(You may possibly have a problem.)

 **Your Turn 12** *Fehlende Worte* – **Missing words**

Wählen Sie bitte das jeweils richtige Wort aus.

1. If for any reason a buzzer sounds, use the emergency phone to

.... security staff.
   a) alarm   b) alert   c) allot

50

2. .... a radiation leak, evacuate the building immediately.
   a) When   b) In the case of   c) If

3. Never smoke when you work with .... substances.
   a) burning   b) metallic   c) flammable

4. Always .... that the lid is screwed down during use.
   a) assure   b) ensure   c) insure

5. .... a broken or faulty component, contact us
   immediately.
   a) When   b) In the case of   c) If

6. You can access the motor .... the grid.
   a) when removing   b) on removal   c) by removing

 ## Language Focus

Wie die vorigen Beispiele zeigen, werden Sicherheitsvorkehrungen und
-warnungen angegeben durch

1. mit **never** oder **always** eingeleitete Warnungen:
   Never touch hot spots without wearing gloves.

2. die *Aufforderungsform* / **imperative:**
   **Take care … / Be careful … / Be sure … / Ensure … /
   Make sure …**

3. einen *einleitenden Infinitiv* / **infinitive of purpose:**
   To prevent electrical shock, do not remove covers.

4. **Passiv Infinitiv / passive infinitive**
   The windows **have to be** cleaned
                 are to be

 **Your Turn 13** *Sicherheitswarnungen –*
Safety warnings

Welche Warnzeichen passen zu welchen verbalen Aussagen?

1. ....

2. ....

3. ....

4. ....

5. ....

6. ....

7. ....

8. ....

9. ....

A) WEAR HAND PROTECTION
B) FLAMMABLE MATERIAL
C) EMERGENCY PHONE
D) NO PHOTOGRAPHY
E) CAUTION! HIGH VOLTAGE

F) FIRE EXIT
G) FORKLIFT VEHICLES AHEAD
H) HELMETS TO BE WORN ON SITE
I) FRAGILE! HANDLE WITH CARE

Your Turn 14 *Sicherheitsvorkehrungen –*
Safety precautions

Formulieren Sie mit eigenen Worten aus den nachstehenden Zeichen Sicherheitsvorkehrungen. Ein Beispiel ist schon vorgegeben.

1.

2.

3.

4.

To avoid injury, wear protective glasses.

Never ....
....
....
....

Take care when
....
....
....

Always ....
....
....
....

5.

6.

7.

8.

Make sure to ...
....
....
....

Only use ....
....
....
....

Look out ....
....
....
....

Never ....
....
....
....

3. *Wie drückt man Sicherheitsvorkehrungen aus?* – Safety precautions

For example ...

● **Never** use a naked flame near this material.

● **Take care!** This is a high voltage area.

● **To prevent** breakages, handle with care.

 **Your Turn 15** *Falls oder sobald?* – If or when?

Entscheiden Sie nun bitte selbst über **if** oder **when**.

1. After a short time, a red warning light will flash. **When / If** this happens, simply plug the device into the mains.
2. The heaters will automatically come on at the designated times.

When / If this does not happen, just call our service line.

3. **When / If** the storage tank runs short of water after one hour, control valve 2 will open.
4. **When / If** you fail to wear safety glasses, your eyesight might be at risk.
5. You should wear ear protection **when / if** you operate a loud machine.
6. Always wear gloves **when / if** handling acids.
7. **When / If** the office furniture is burning, you must get a fire extinguisher.
8. Extinguish all cigarettes **when / if** you enter this room.

 **Your Turn 16** *Ein Unfallbericht –* **A Report on an Accident**

Suchen Sie die passenden Wörter aus der DATA BANK auf Seite 56 heraus und tragen Sie es in die Lücken ein. Ein Beispiel ist schon vorgegeben.

Der Unfallbericht   A Report on an Accident

This report was written by the staff manager *following* (1) a serious accident in the workshop on 4 May 1988:

.... (2) to find out about the facts .... (3) the accident a number of people were questioned. The accident happened as follows: Jack Jones had been drinking alcohol. .... (4) starting his work he had removed the guard of the grinding machine. .... (5) machining his arm was caught in the machine .... (6) a crushing of the arm. .... (7), two fingers were missing. .... (8) the loss of his fingers Jack Jones was not able to do his job any more. .... (9) the investigation into the accident it was found that the machine had not been serviced for a long time. .... (10) the belt drives were slack and the wheel was not properly mounted. .... (11) the machine was potentially dangerous, ... (12) there was no fault with the grinding wheel itself.

DATA BANK

~~following~~	In order to	Moreover
Before	Following	relating to
Owing to	While	As a result
Furthermore	resulting in	however

TEIL 2
TECHNISCHER WORTSCHATZ

In Teil 1 des Buches konnten Sie sich mit den wesentlichen Strukturen und Sprachmustern vertraut machen, wie sie in technischem Englisch verwendet werden. Nun können Sie in Teil 2 des Buches Ihren Fachwortschatz erweitern. Dafür wurden vier verschiedene Themen aus der Welt der Technik ausgewählt:

- Umwelt
- Computer
- Mathematik
- allgemein-technisches Vokabular

Vielleicht haben Sie sich selbst manchmal gefragt: „Warum kann ich mir dieses Wort nie merken?" oder „Wie kommt es, dass mein Englisch-Wortschatz nie zu wachsen scheint?" Falls Sie zu denjenigen gehören, für die das Vokabellernen eine lästige Pflicht darstellt, dann liegt dies sicherlich nicht an Ihrer Unfähigkeit zu lernen. Vielleicht haben Sie bislang nur nicht die richtige Lerntechnik gefunden.

In diesem Teil des Buches werden Sie neben vielen Fachwörtern auch einige Lerntechniken kennen lernen, mit denen Sie schnell und effektiv Wörter und Wendungen lernen und die Sie auch später immer wieder anwenden können.

Es gibt Wörter, die häufig paarweise auftauchen. Deshalb ist es sinnvoll, diese Wörter auch gemeinsam zu lernen. In manchen Übungen werden Sie aufgefordert, Wortpaare zu bilden.

Eine weitere Lerntechnik ist zum Beispiel, dass sie Wörter nicht zusammenhanglos, sondern in Themenfeldern lernen. Hierzu haben Sie auch Übungsmöglichkeiten.

Kennen Sie das Problem, dass Sie, wenn Sie im Wörterbuch ein englisches Wort nachschlagen wollen, häufig mehrere Alternativen finden und nicht wissen, welche Übersetzung im aktuellen Fall die richtige ist? Dann hilft Ihnen die Rubrik *Focus on Meanings* weiter. In *Focus on Meanings* erfahren Sie für viele technische Fachbegriffe, welche englische Übersetzung je nach Textzusammenhang die richtige ist. Bei den Übungen zu diesem Thema benutzen Sie möglichst ein einsprachiges Wörterbuch und schlagen die Wörter nach, denn dort können Sie anhand der Erklärung und Beispielsätze erkennen, wie das Wort verwendet wird. Wann zum Beispiel verwenden Sie das Wort „technique" und wann das Wort „technology".

Auch das Lernen mit Bildern erleichtert es, sich neue Wörter einzuprägen. Oftmals behält man ein neues Wort besser im Kopf, wenn man sich ein Bild dazu vorstellt. Probieren Sie es mal aus und denken oder malen Sie sich selbst ein kleines Bild zu einem neuen Wort.

Beim Thema „Mathematik" werden Sie eine Menge Beispiele und Übungen finden, die Ihnen helfen, mit Zahlen, Formeln und mathematischen Zeichen sicherer umzugehen. Hier werden Sie vor allem auch lernen, wie man diese Zeichen Englisch ausspricht.

Sprache ist nicht statisch, sondern verändert sich ständig. Sie besteht aus einem unendlichen Netzwerk von Wörtern und Bedeutungen. Vielleicht werden Sie manchmal das Gefühl haben, dass Sie, je mehr Wörter Sie lernen, umso weniger wissen. Tatsächlich trifft natürlich das Gegenteil zu: Je größer Ihr Wortschatz wird, umso genauer, sicherer und effektiver können Sie die Sprache selbst anwenden.

Hier sind nochmals einige Ratschläge zusammengefasst, die Sie beherzigen sollten:

- Vermeiden Sie, mit Vokabellisten zu lernen, die nur einfache, ungenaue Übersetzungen anbieten.
- Lernen Sie neue Wörter nach Themenfeldern
- Beobachten Sie, welche Wörter häufig zusammen auftauchen.
- Visualisieren Sie Ihren Wortschatz: Zeichnen Sie Bilder.
- Lernen Sie bei einem neuen Wort, das Sie nachschlagen, immer auch die Aussprache dazu.
- Erschrecken Sie nicht vor der Vielfalt an Bedeutungen und Zusammenhängen, die ähnliche Wörter mit sich bringen. Sehen Sie es als eine Möglichkeit Ihren Wortschatz zu erweitern.

TECHNISCHER WORTSCHATZ
LEARNING TECHNICAL VOCABULARY

1. *Blickpunkt Umwelt* – Focus on the environment

Fragen des Umweltschutzes sind heutzutage wichtiger Bestandteil jeder Erfindung bzw. Innovation.
Aus diesem enormen Umfeld sollen Sie mit wichtigen und markanten Worten vertraut gemacht werden.

Your Turn 17 *Gefährliche Vorgänge und Ereignisse auf der Erde* – **Hazardous geological processes and events**

Verbinden Sie bitte die Substantive mit den richtigen Verben. Ein Beispiel ist vorgegeben.

Teil A – Part A

A	earthquakes	**1**	slide
B	volcanoes	**2**	blast
C	land masses	**3**	flood
D	tsunamis	**4**	twist
E	lava	**5**	tremble
F	meteorites	**6**	hurtle
G	tornados	**7**	flow
H	hurricanes	**8**	erupt

Teil B – Part B

What can happen to all that waste?
Beispiel: You can *collect household waste.* **A 5**

A	collect	**1**	radioactive waste
B	dump	**2**	toxic waste
C	sort	**3**	chemical waste substances
D	burn up	**4**	biological-based waste
E	decompose	**5**	household waste
F	degrade	**6**	different kinds of waste
G	decontaminate	**7**	industrial waste

Teil C – Part C

Setzen Sie nun bitte die nachstehenden Wortbestandteile passend zusammen.

A	toxic	**1**	friendly
B	landfill	**2**	degradable
C	bio-	**3**	fuel rods
D	refuse	**4**	site
E	used	**5**	waste
F	environmentally	**6**	collection

Teil D – Part D

Vervollständigen Sie diesen Text mit den Begriffen aus der DATA BANK auf Seite 62. Die deutschen Übersetzungen sind als Hilfe angegeben.

BATTERIES

Single-use batteries are also called *Einweg-* .... (1) batteries. So they are not .... (2) *zu erneuern* .... and have to be disposed of in a special way. Batteries are, in the narrow sense, not .... (3) *zu entsorgen* .... and, by no means, ... (4) *wieder verwertbar* .... Taking into consideration that other kinds of materials are .... (5) *wieder verwendbar* .... and .... (6) *biologisch abbaubar* ...., batteries should be .... (7) *wieder aufladbar* .... If they are, they are called accumulators.

DATA BANK

non-returnable
biodegradable
disposable
recyclable

renewable
reusable
rechargeable

Finden Sie nun bitte die englischen Wortzusammensetzungen für die folgenden **Umwelt**begriffe. Verwenden Sie dazu Ihr Wörterbuch. Ein Beispiel ist bereits vorgegeben.

Teil E – Part E

Umwelt ...		environmental ...
1.	... normen →	environmental *standards*
2.	... bewusstsein	....
3.	... schutz	....

4.	... zerstörung	....
5.	...verschmutzung	....
6.	...entwicklung	....
7.	...unsitten	....
8.	...sauberkeit	....
9.	...wissen	....
10.	...verwaltung	....

DATA BANK

standards   development   destruction
cleanliness   pollution   practice
stewardship   knowledge   awareness
protection

 **Your Turn 18** *Wie wird die Erde sein? –*
What will the earth be like?

Ergänzen Sie die folgenden Sätze mit den richtigen Ausdrücken.

1. Die **Erdbevölkerung** *wird im Jahre 2080 über 6 Milliarden sein.*

The .... will be more than 6 billion in 2080.

a) earth's people   b) earth's population   c) earth's mankind

2. *Die **Technik** wird sehr wichtig sein.*

.... will be very important.

a) Technique   b) Engineering   c) Technology

3. *Die globale **Erwärmung** (1) wird im 21. Jahrhundert drastisch **ansteigen** (2).*

Global .... (1) .... will drastically .... (2) ....
in the 21st century.

1a) heating   1b) warming   1c) heat
2a) rise   2b) raise   2c) be raising

4. *Die **Menschheit** wird im Müll ersticken.*

.... will suffocate from waste.

a) Mankind   b) People   c) Folks

5. *Die Wetterbedingungen werden sich **zum Schlechteren** wenden.*

The weather conditions will change for the ....

a) badder   b) worse   c) worst

6. *Im 21. Jahrhundert werden immer mehr Menschen von **zu Hause** aus arbeiten.*

More and more people will work from .... in the 21st century.

a) house   b) home   c) dwelling

7. **Künstliche** *Dinge werden immer mehr angewandt werden.*

.... things will be used more and more.

a) Artful   b) Artistic   c) Artificial

8. *Der öffentliche Verkehr wird* **immer verstopfter** *werden.*

Public transport will be ....

a) ever congested   b) more congested   c) more and more
                                              congested

2. *Blickpunkt Computer* – Focus on computers

Die schnelle Entwicklung der Computertechnik hat eine enorme Aus-
wirkung auf die Sprache und bringt eine Fülle spezifischer Ausdrücke
mit sich, die für Sie als Selbstlerner besonders interessant sein können.
Die wichtigsten Begriffe sind in diesem Kapitel zusammengefasst.

Your Turn 19 *Computerteile* – What are the main components of a computer?

Welche Zeichnungen passen zu welchen englischen Namen?

1. ....

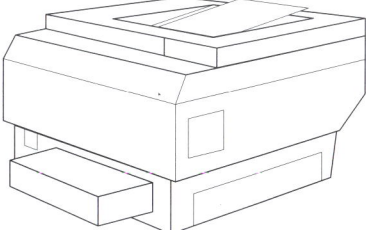

2. ....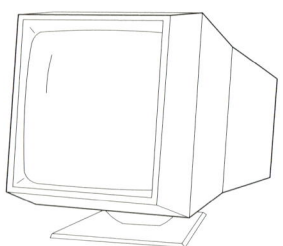

3. ....

4. ....

5. ....

For example ...

This is the so-called IPOS Cycle:

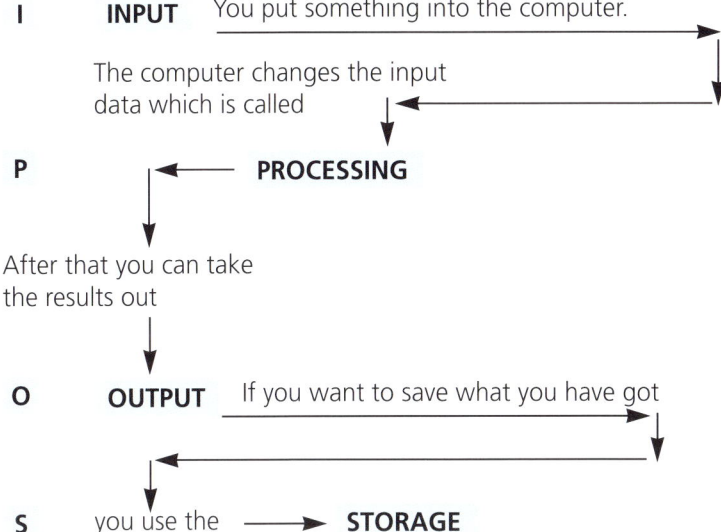

I   **INPUT**   You put something into the computer.

The computer changes the input
data which is called

P   **PROCESSING**

After that you can take
the results out

O   **OUTPUT**   If you want to save what you have got

S   you use the   **STORAGE**

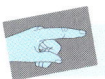

Your Turn 20 *Der IPOS Zyklus* – The IPOS Cycle

Ergänzen Sie den folgenden Text mit den Wörtern aus der DATA BANK
auf Seite 68.

The .... (1) may be your dirty dishes. You put

them into a dishwasher for .... (2). After the

washing cycle has finished you can take out the clean dishes – the

.... (3). To get everything in the right order you

place the clean dishes in a cupboard – the ....

(4) of your dishes.

DATA BANK

storage   processing   input   output

 **Your Turn 21** *Was ein Computer alles kann –*
All the things a computer can do

Bilden Sie logische Sätze aus den Spalten A und B. Ein Beispiel ist bereits vorgegeben.

BRAINSTORM WEB

	A	**B**
	permit easy access	relationships among large amounts of data.
	perform	human tasks.
Computers can	identify	to large volumes of data.
	simulate	lengthy computations quickly and accurately.
	permit	data to be processed.
	display	global interactions.

1. *Computers can permit easy access to large volumes of data.*

2. ....

3. ....

4. ....

5. ....

6. ....

 **Your Turn 22** *Wozu dienen all diese Tasten? –*
What are all these keys used for?

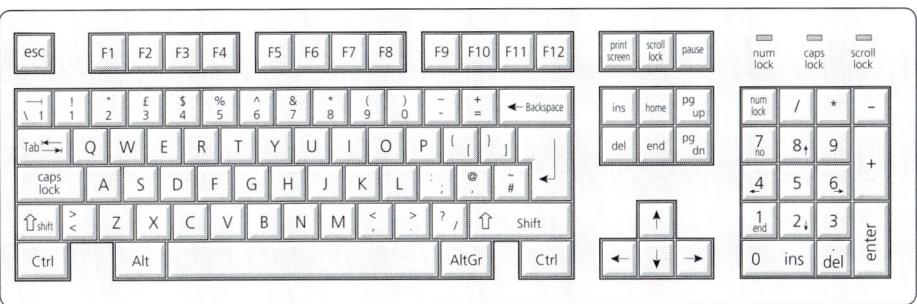

Tragen Sie die fehlenden Tasten mit Hilfe der DATA BANK auf Seite 70 ein.

1. Use the .... (1) keys F1-F10 in combination with the keys labeled Alt, Crtl and Shift.

2. The .... (2) keys are used to scroll through the contents of a window.

3. To close a dialog box use the .... (3) key.

4. Use the .... (4) key to delete the previous letter in a text.

5. To type initial letters use the .... (5) key.

6. Use the .... (6) key to confirm a command or to move the cursor to a new line.

7. Use the .... (7) key for uppercase typing (every letter is an initial letter).

8. To delete a letter or parts of a text use the ....

.... (8) key.

9. Use the .... (9) key for a blank space in or between words.

10. To move the cursor to the right in pre-set

    spaces use the .... (10) key.

DATA BANK

caps lock	return	del(ete)	spacebar	tab
arrow	backspace	function	esc	shift

  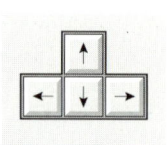 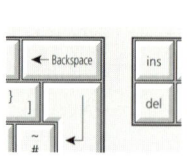

Your Turn 23 *Computerbefehle* –
Computer Commands

Tragen Sie bitte die Befehle durch Ergänzung der fehlenden Buchstaben ein.

Datei	Bearbeiten	Ansicht	Einfügen	Format	Extras	Tabelle	Fenster	Hilfe
File	Edit	View	Insert	Formats	Tools	Table	Window	Help

Neu	N e w
Öffnen	O p e n
Schließen	C _ _ _ e
Speichern	_ _ v _
Speichern unter	_ _ v _ _ _
Alles speichern	_ _ v _ _ l l
Datei-Manager	F _ _ d F _ _ e
Datei-Info	S _ _ _ _ _ y _ _ f o
Dokumentvorlage	T _ _ p l _ _ _ s
Seite einrichten	P _ _ _ S _ _ _ p
Seitenansicht	P _ _ _ P _ _ v _ _ w
Drucken	P _ _ _ _
Beenden	_ x _ _

Datei	Bearbeiten ✓	Ansicht	Einfügen	Format	Extras	Tabelle	Fenster	Hilfe
File	Edit	View	Insert	Formats	Tools	Table	Window	Help

Rückgängig	U _ _ o
Wiederholen	R _ _ _ _ t
Ausschneiden	C _ _
Kopieren	_ _ _ y
Einfügen	P _ _ t _
Inhalte einfügen	P _ _ t _ S p _ _ _ _ l
Löschen	C l _ _ _
Alles markieren	S _ _ _ c t a _ _
Suchen	F _ _ _
Ersetzen	R _ p _ _ _ _
Gehe zu	G _ t _
Textbaustein	B _ _ k _ _ _ k

Your Turn 24 *Mehr Befehle* – More commands

Tragen Sie die englischen Befehle ein.

Abbrechen	....	Kopieren	....
Drucken	....	Einfügen	....
Öffnen	....	Alles markieren	....
Schließen	....	Suchen	....
Speichern	....	Hilfe	....
Löschen	....	Seitenansicht	....

| Beenden | .... | Ersetzen | .... |
| Ausschneiden | .... | Verknüpfungen | .... |

 **Your Turn 25** *Schaltflächen* – Icons

In der nachfolgenden Liste finden Sie Beschreibungen von Schaltflächen (icons). Ordnen Sie bitte die Buchstaben den Symbolen in der Tabelle auf Seite 74 zu.

Which of the icons do you need to click when you want to …

a) start a new document?

b) print?

c) insert graphics?

d) see the page to be printed?

e) save a document?

f) insert a part of the text which was copied into a different place?

g) cut a piece of text?

h) run the spelling check?

i) copy a part of the text?

j) use **bold** letters?

k) open a document?

l) use *italics*?

	Symbol	Lösung		Symbol	Lösung
1)		a) start a new document	7)		
2)			8)		
3)			9)		
4)			10)	**F**	
5)			11)	*K*	
6)			12)		

 **Your Turn 26** *Eingruppierungen* – **Categorising**

Ordnen Sie bitte folgende Begriffe in jeweils eine der vier Säulen ein.

backup, browser, bold, client, CD ROM, copy, cut, diskette, drive, exit, floppy disk, font, information highway, insert, italics, keyboard, memory, microprocessor, modem, monitor, motherboard, mouse, password, paste, plug, port, printer, prompt, save, scanner, server, screen, serial port, spreadsheet, true-type font, www (world wide web)

Hardware Component	Command	Internet	Software Component
....	....	....	....
....	....	....	....
....	....	....	....
....	....	....	....
....	....	....	....
....	....	....	....
....	....	....	....
....	....	....	....
....	....	....	....
....	....	....	....
....	....	....	....
....	....	....	....
....	....	....	....

3. *Wie drückt man mathematische Gleichungen und Formeln aus?* – Focus on mathematics

Mathematische Ausdrücke und Beweise begleiten uns überall in der technischen Welt. Dieser Abschnitt macht Sie vertraut mit vielen Zahlen, Symbolen und Ausdrücken der Mathematik und deren Aussprache.

Im Zeitalter moderner Kommunikationsmittel wird man sich bei schwierigen mathematischen Gleichungen auf deren schriftliche Übermittlung konzentrieren, um eventuelle Fehler bei der mündlichen Aussage zu vermeiden.

Dennoch sollten Sie wissen wie einige mathematische Begriffe ausgesprochen werden. Beginnen wir also mit den

Grundrechenarten.

addition	subtraction	the result
+	**-**	**=**
plus	minus	equals / is equal to / is
[plʌs]	['maɪnʌs]	['iːkwəls]
plus	*minus*	*ist gleich*

multiplication	division
X	**÷**
(multiplied) by	divided by
oder times	*oder* over
['mʌltɪplaɪd baɪ]	[dɪ'vaɪdəd baɪ]
multipliziert mit / mal	*dividiert durch*
	geteilt durch

$x_1 + x_2 = u$	x one plus x two equals u
$L - l = d$	capital L minus small l is equal to d
$a \times b = c$	a multiplied by b is equal to c
	oder: a times b equals c
$a \div b = c$	a divided by b is equal to c
	oder: a over b is equal to c
$\dfrac{an}{bn} = \dfrac{a}{b}$	an over bn equals a over b
$\dfrac{a}{b}\dfrac{c}{d} = \dfrac{ac}{bd}$	a over b, this fraction multiplied by c over d equals ac over bd
$\dfrac{7}{6} \div \dfrac{1}{2} = \dfrac{7}{3} = 2\dfrac{1}{3}$	seven sixth**s** divided by one half equals seven third**s** equals two and a third
$2 / 3 = 0.666$	two third**s** equal (zero) point six six six recurring

Die nachfolgenden Übungen 27–33 haben das Ziel, Sie mit dem Aussprechen von Gleichungen und Formeln vertraut zu machen. Viel Spaß dabei!

Schreiben Sie nun auf, wie die folgenden Rechnungen auf Englisch heißen. Ein Beispiel ist vorgegeben.

1. $25 + 75 = 100$ *twenty-five plus seventy-five equals one hundred*

2. $100 - 75 = 25$

3. $D - d = s$

4. $\dfrac{klm}{km} = l$

5. $\dfrac{1}{2} + \dfrac{1}{4} + \dfrac{1}{8} = \dfrac{7}{8}$

6. $\dfrac{3}{4} - \dfrac{1}{2} = \dfrac{1}{4}$

7. $\dfrac{6}{3} \div \dfrac{2}{3} = \dfrac{6}{3} \times \dfrac{3}{2} = 3$

8. $\dfrac{1}{3} = 0.333$

Wurzeln, Potenzen und Logarithmen

Wurzeln – Roots

So spricht man dies auf Englisch aus:

$\sqrt[n]{a} = b$ the n-th root of a is b

$\sqrt{4} = 2$ the square root of four is two

$\sqrt[3]{27} = 3$ the cubic [kjuːbɪk] root of twenty-seven is three

$\sqrt[4]{x} = k$ the fourth root of x is k

 **Your Turn 28** *Wurzeln* – Roots

Nun drücken Sie es in (englischen) Worten aus.

1. $\sqrt[4]{81} = 3$ *the fourth root of eighty-one is three*

2. $\sqrt[5]{a} = b$ ....

3. $\dfrac{\sqrt{36}}{\sqrt{4}} = \sqrt{\dfrac{36}{4}} = \sqrt{9} = 3$ ....

Potenzen – Powers

$$x \cdot x \cdot x = x^3$$

x^2 — x squared

x^3 — x cubed

x^n — x to the n-th (power)
oder: the n-th (power) of x
oder: x to the power of n

x^{-1} — x to the (power of) minus one

$$a^{-n} = \frac{1}{a^n}$$ — a to the (power of) minus n equals one over a to the n-th

$(x+k)^{-3}$ — x plus four (in brackets) all to the minus three

$a^{-3} = b^3 b^{\frac{2}{9}x}$ — a to the minus three equals b cubed times b to the power two ninths x

Sprechen Sie nun bitte diese komplexe Gleichung:

$[(x + k)^p - \sqrt[3]{x}\,]^{-q} - s = 0$ — x plus k in (round) brackets to the (power of) p, minus the third root of x all [in square brackets] to the (power of) minus q, minus s equals zero / nothing

Anmerkung: Das Wurzelzeichen kann man auch manchmal so vorfinden: $\sqrt{}$

Your Turn 29 *Potenzen – Powers*

Geben Sie die folgenden Rechnungen auf Englisch wieder.

1. $100^{\frac{1}{2}} = \sqrt{100} = 10$ *one hundred to the (power of) one half equals (the square) root of one hundred equals ten*

2. $k^4m^2 : k^2m = k^2m$

3. $a^{4k-1}b^{-1}$

4. $\dfrac{1^3}{m^{k-1}}$

5. $[Z\,(m+k)^{z-1}] = P$

Logarithmen – Logarithms

$$\boxed{\log_{10}x = \lg x}$$

$\log_b c = n$ the logarithm of c to the base b is equal to n

$\ln c$ 'l', 'n', 'c' [el, en, si]
      oder ausführlich: natural logarithm of c

$\log 2 = 0.301$ the logarithm of two equals (nought / zero) point three zero one

Wie heißt das auf Englisch? Ein Beispiel ist für Sie bereits vorgegeben.

1. $n = \log_a b$ *n equals the logarithm* [ˈlɒgərɪðəm] *of b to the base a*

2. $a = \sqrt[n]{b} \Rightarrow n = \log_a b$ ....

3. $\log(x\,y) = \log_a x - \log_a y$ ....

4. $\log_{10} x = \lg x$ ....

5. $\lg 0.21544 = \lg \dfrac{2.1544}{10} = \lg 0.21544 - \lg 10 =$
    $0.33333 - 1$ (the mantissa [mænˈtɪsə])

    ....

Trigonometrische Funktionen – Trigonometric Functions

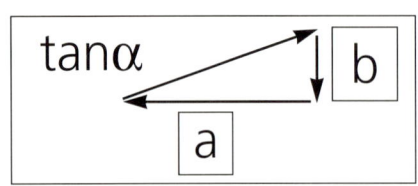

$$\tan\alpha = \frac{b}{a}$$

Sinus	**sine** [saɪn]	*Arcsinus*	**the arc sine / the inverse sine**
Cosinus	**cosine**	*Arccosinus*	**the arc cosine / the inverse cosine**

Tangens	**tangent**	Arctangens	**the arc tangent / the**
	['tændgǝnt]		**inverse tangent**
Cotangens	**cotangent**	Arccotangens	**the arc cotangent / the**
	(ctn)		**inverse cotangent**

Die Bogenfunktionen werden im Englischen wie folgt geschrieben:

$$y = \sin^{-1} x$$

Dies entspricht der deutschen Schreibweise: $\quad y = \arcsin x$

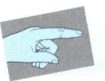 **Your Turn 31** *Trigonometrie* – **Trigonometry**

Das Englische heißt … Zwei Beispiele sind vorgegeben.

1. $y = \sin x$ *y equals the sine of x*

2. $y = \sin^{-1} x = y = \arcsin x$ *y equals the arc sine of x*

        oder: y equals the inverse sine of x

        oder: y equals the angle ['æŋgl] whose

         sine is x

3. $y = \text{ctn } x$

4. $\cos 45° = \dfrac{1}{2} \sqrt{2}$

5. $\tan 60° = \sqrt{3}$

6. $A = \dfrac{1}{2} ab \sin \gamma$

Grundlegende Beziehungszeichen   Basic Symbols

≡	identical [aɪˈdentɪkəl] with / always equal with
<	less than
>	greater than
«	much less than
»	much greater than
≤	not greater than / less than or equal to
≥	not less than / greater than or equal to
≠	not equal to
≈	approximately [əˈproksɪmətli]
∝	(directly) proportional to *(brit. Schreibweise)*
~	(directly) proportional to *(deutsche Schreibweise)*
||	be parallel to
| 3 |	the absolute value of 3 is -3 (minus three) and +3 (plus three)
( )	parentheses [pəˈrenθəsiːz] round brackets
[ ]	(square) brackets
{ }	braces

 **Your Turn 32** *Grundlegende Beziehungszeichen –*
Basic Symbols

Nun mal wieder eine Möglichkeit, dieses auf Englisch zu üben.

1. π ~ 3.14   *π [pai] is approximately equal to three point one four*

2. a ≠ b

3. $p \propto q$ ....

4. $EF \parallel DG$ ....

5. $\sqrt[4]{81} = |3|$ ....

Weitere Zeichen – More Symbols

$\sum a_k$	the sum of a (sub) k
$K=(-\infty, +\infty)$	capital K equals the open interval minus infinity, plus infinity
$x \to x_0$	x tends to x zero / nought
$\lim_{n \to \infty} a_n = 0$	the limit of a sub n is zero as n tends to infinity
$(\sin x)' = \cos x$	the (first) derivative [dɪ'rɪvətɪv] of the sine [saɪn] of x equals the cosine of x
Δs	delta s
$\dot{s} = \dfrac{ds}{dt}$	s dot equals ds [di: es] by dt [di:ti:]
$y^{(n)} = f^{(n)}(x)$	y n **prime** [praɪm] equals f n prime
$\dfrac{dn_v}{dx^n}$	dn [di: en] sub v by dx [di: eks] to the n-th power

$\int \cot x\, dx = \ln |\sin x| + C$ the integral ['ɪntɪɡrəl] of the cotangent of x dx [eks di: eks] equals the natural ['nætʃrəl] logarithm of the absolute value of the sine of x plus capital C

Your Turn 33 *Die weiteren Zeichen –* All the other symbols

Schreiben Sie auf, wie die Gleichungen auf Englisch heißen. Auch hier ist ein Beispiel vorgegeben.

1. $\int f(x)dx = F(x) + C$ *the integral of f of x dx* [eks di: eks] *equals capital F of x plus capital C*

2. $y = \sum_{k=0}^{4} a_k x^k$ ....

3. $\lim_{\Delta y \to 0} \frac{\Delta y}{\Delta x} = \frac{dy}{dx}$ ....

4. *Das richtige Wort zur richtigen Zeit –* Focus on meanings

In diesem Kapitel sollen Sie mit einer Reihe von Begriffen und Satzstrukturen vertraut gemacht werden, die in Fachtexten unübersehbar sind.

Die Schwierigkeiten bestehen oft schon in der passenden Wortwahl aus den im Englischen verfügbaren Worten. Die Wahl eines geeigneten Wortes ist besonders wichtig, wenn der Satzinhalt kontextbezogen darzustellen ist, und das ist die Regel.

Die folgenden Erläuterungen zu *Focus on Meanings* sind auf wesentliche Erscheinungsformen beschränkt. Beim Vergleich Ihrer Fachtexte mit diesem Leitfaden werden Sie feststellen, dass sowohl Hauptwörter, Verben aber auch Präpositionen oft zum Nachdenken zwingen. Besteht für Sie die Aufgabe, einen deutschen Fachtext ins Englisch zu übersetzen – und sei es nur für ein Vortragskonzept – kann man sich schon einmal „festbeißen".

Machen Sie sich also mit dem nun Folgenden besonders vertraut, und lassen Sie sich Zeit zum „Verdauen".

ändern

change   wesentlich ändern, austauschen, wechseln
alter   teilweise ändern, abändern
modify   kleinere Abänderungen vornehmen

 **Your Turn 34**

Fügen Sie nun das geeignetste Verb von oben in die Sätze ein.

1.   Would you please .... that dress? It's too tight.
   *Würden Sie bitte das Kleid **abändern**. Es ist zu eng.*

2.   The design of the machine has to be ....
   *Die Konstruktion der Maschine muss (**teilweise**) **verändert** werden.*

3.   The system has to be .... completely.
   *Das Anlagensystem muss völlig **verändert** werden.*

Ansicht oder Abbild?

view   (An)sicht   das Bild, das man betrachtet
image   (Ab)bild(ung)   das Bild, das sich dem Betrachter bietet

Your Turn 35

Entscheiden Sie bitte zwischen den beiden Wörtern *view* oder *image*.

1. Each projected .... was represented by 64^2 pixels.
    *Jedes projizierte **Bild** wurde durch 64^2 Pixel dargestellt.*

2. The process is analogous to probing the 3-D object from the

    different 2-D projected ....
    *Das Verfahren ist analog dem der Untersuchung der 3-D-Objekte aus den verschiedenen projizierten 2-D-**Ansichten**.*

Ausführen oder Durchführen?

accomplish	(bis zu Ende) durchführen, vollenden
carry out	(allg.) aus-, durchführen
conduct	durchführen, vornehmen
execute	ausführen (von der Theorie in die Praxis) umsetzen
perform	ausführen, benutzen, verrichten, vollziehen

Your Turn 36

Welches der obigen Verben würden Sie auswählen?

1. .... the instructions carefully.
    ***Führen** Sie die Anweisungen sorgfältig **aus**.*

2. .... this operation with great care.
    ***Führen** Sie diesen Arbeitsgang mit großer Sorgfalt **durch**.*

3. They had to repair the machinery, and they .... the task well.
   *Sie mussten die Maschineneinrichtung reparieren und **verrichteten** das gut.*

4. Social scientists have recently .... a survey on eating habits.
   *Sozialwissenschaftler haben kürzlich eine Umfrage zu Essgewohnheiten **durchgeführt**.*

auswerten, einschätzen

assess	ab-, einschätzen,
estimate	auswerten, beurteilen, veranschlagen
evaluate	(zahlenmäßig) aus-, bewerten
value	ab-, einschätzen, taxieren, veranschlagen

to assess damage	eine Entschädigung festsetzen
estimated error	geschätzte Abweichung
estimated value	Schätzwert
evaluation method	Auswerteverfahren

 ## Your Turn 37

Wählen Sie das geeignetste Wort. Sollten Sie unsicher sein, nehmen Sie das Wort, das den größten Spielraum bietet.

1. Considering the immense legal costs, O.J.Simpson's estate was

   .... at more than $5m.
   *Das Anwesen von O.J. Simpson wurde im Hinblick auf die enormen Gerichtskosten auf 5 Mill. Dollar **veranschlagt**.*

89

2. The total costs had to be ....
   *Die Gesamtkosten mussten **eingeschätzt** werden.*

3. We had to .... more than 80 test results.
   *Wir mussten mehr als 80 Testergebnisse **auswerten**.*

4. We can only .... the cost of the project, rather than give exact figures.
   *Wir können die Kosten für das Vorhaben nur **schätzen**, nicht aber genau angeben.*

Bereich, Gebiet

area	Bereich, (Grund)fläche, Gebiet, Umkreis
range	(Mess)bereich, Intervall, Flug-, Reichweite, Zwischen-, Spielraum
region	Gebiets(teil), Gegend, Gelände, Wertebereich, Bereich um einen Wert
territory	Flur, Gebiet, Land

domain of convergence	Konvergenzbereich *(Math.)*
domain of definition	Definitionsbereich *(Math.)*
the *range* of wave vectors	der Bereich der Wellenvektoren
range of adjustment	Einstell-, Regelbereich
range of measurement	Messstrecke
region of disturbance	Störungsgebiet
region of saturation	Sättigungsgebiet
demagnification *region*	Verkleinerungsgebiet

 **Your Turn 38**

Setzen Sie bitte die Wörter aus der DATA BANK ein.

1. The frequency .... of this signal is about 0-10kHz.

2. He is working in the .... of Neural Networks.

3. Wars are often fought over ....

4. The unit cost for each component will be in the ....
   of $9.

DATA BANK

range	field / area	territory	region

eingeben, eintasten

enter, input	eingeben *(Computer)*
type	eintippen *(Schreibmachine)*
key in	*(mittels Tasten)* eingeben
punch in	*(mittels Tasten)* eingeben

-fach

single	einfach (nicht doppelt)
twofold	zweifach
sixfold	sechsfach
sixteenfold	sechzehnfach
n-fold	x-fach
umpteenfold, umpteen times	zigfach

Beispiele:

in duplicate	in zweifacher Ausfertigung
three times the amount	die dreifache Menge
three times as much	das Dreifache
four times the amount	die vierfache Menge
four times the amount	das Vierfache
n times the amount	die x-fache Menge

Fehler   Fehler   Fehler

Betrachten wir uns einmal die Wortvielfalt im Englischen für den Begriff „Fehler".

blunder	schwerwiegender Fehler *(oft durch Fahrlässigkeit verursacht),* Schnitzer, dummer Fehler
defect	Fehler, Mangel, Schaden
error	Fehler durch falsche Beobachtung / Beurteilung
failure	Ausfall, Fehlschlag, Misserfolg, Versagen
fault	Fehler *(durch Verschulden oder mangelnde Aufmerksamkeit)*
flaw	Materialfehler *(oft verdeckt oder nicht sichtbar, z. B. Haarrisse)*
malfunction	Defekt, siehe „failure"; Funktionsstörung
mistake	Fehler, den man gemacht hat; Irrtum

 **Your Turn 39**

Ermitteln Sie aus der vorigen Tabelle das geeignetste Wort.

1. I'm sorry, it was my ....
   Tut mir Leid, es war mein **Fehler**.

2. They've spotted a number of .... in the measuring results.
   Sie haben eine Reihe von **Fehlern** *bei den Messergebnissen herausgefunden.*

3. Lying about his tax return was the former minister's biggest

   ....

   Der größte **Fehler** *des früheren Ministers war das Lügen um seine Steuererklärung.*

4. There was a power .... this morning.
   Es gab einen **Stromausfall** *heute Morgen.*

5. The drilling machine had a number of technical ....
   Die Bohrmaschine hatte eine Reihe von technischen **Fehlern**.

6. They checked the surface of the material and found some

   ....

   Sie haben die Materialoberfläche geprüft und **Materialfehler** *(Haarrisse) festgestellt.*

7. The operator reported a .... in the power unit.
   Der Bediener meldete eine **Funktionsstörung** *in der Stromversorgungsanlage.*

fest

solid	stabil, zuverlässig
fixed	festgelegt, starr, unveränderlich
firm	solide, nicht schwankend
permanent	dauerhaft
stable	stabil, feststehend
solid surface	feste Oberfläche
fixed distance	fester Abstand
firm ground	fester Boden
permanent assembly	dauerhafte Montage
stable structure	(stand)feste Konstruktion
solid state	fester Zustand
fixed contact	fester Kontakt
firm basis	feste Grundlage

Fluss

flow	(Elektronen)fluss, Strömung, strömen
flux	(Magnet)fluss, Lichtstrom, Fluss, (*phys.*) Strom

For [(the) + Hauptwort] + of

Dies ist eine in Bedienungsanleitungen häufig angewandte Struktur, deren Übersetzung sich erst am konkreten Beispiel ersehen lässt.

For (the sake of) simplicity	der Einfachheit halber
For simplicity **of** illustration	der einfacheren Anschauung halber
For easy calculation	zur leichteren Berechnung
For ease of operation	zur leichteren Bedienung
For control **of** the Info Highway	zur Kontrolle des Information Highways

Gerät

Not everything is a **device**!

a piece of apparatus	Apparat, einfaches (historisches) Gerät
appliance	elektrisches (Haushalts)gerät
assembly	Montagegruppe, montierte (Geräte)einheit
device	das universellste Wort für Gerät, Vorrichtung
equipment	Ausrüstung(en), Einrichtung(en)
! (pl) pieces of equipment	
facility	benutzbare Einrichtung / Anlage
gadget	kleine Gerät / Vorrichtung, techn. Spielerei
implement	allgemeines Gerät, z. B. *garden implements* – Gartengeräte
instrument	(Mess)gerät, Instrument
machine	herkömmliche Maschine, Automat
unit	Aggregat, Anlage(ngruppe), (Geräte)einheit, Gerätegruppe,
utensils	Utensilien, nicht elektrische Küchengeräte

 **Your Turn 40**

Wählen Sie aus der obigen Tabelle das geeignetste Wort aus.

1. **A knife is**   *a utensil.*

2. A TV set is

3. A spade is

4. An egg whisk is

5. A food mixer is

6. A pager is

7.   A bunsen burner is   ....

8.   A speedometer is   ....

9.   An animation center is   ....

10. A telephone is   ....

11. A VCR (video cassette recorder) is ....

12. An ear phone is   ....

13. A community center is   ....

Gleichstellungen as + adjective + as

Es handelt sich hier um immer häufiger verwendete Gleichstellungen, die – abweichend vom eigentlichen Vergleich – einen Trend, eine Richtung oder Begrenzung anzeigen.

as recently as 1991   erst 1991
as early as 1930   schon 1930

Häufige Formen sind:

as long as
  two months
	bis zu zwei
	  Monaten
		bis zu (einer Zeitdauer
		  von)

as late as 1986	bis Ende 1986	bis (zum) Ende (einer Zeit- dauer)
as much as 19 DM	bis zu 19 DM	bis zu (einem Maximal- betrag)

as long ago as
  1985
	schon / bereits
	  1985
		schon (vor einem Zeit-
		  punkt)

as early as 1980	schon / bereits
	  1990
		schon seit (einem Zeit-
		  raum)

as high as $2 bill.	bis auf 2 Mrd. Dollar	bis (auf einen Wert ansteigend) bis (zu einem Wert anwachsend)
as little as	nicht mehr als	weniger als (ein angenommener Wert)

 ## Your Turn 41

Ermitteln Sie bitte die passende *as + adjective + as*-Variante. Ein Beispiel ist bereits vorgegeben.

1. Costs were placed *as high as* $ 2b.
   *Die Kosten wurden **auf** 2 Mrd. Dollar beziffert.*

2. You can get a photocopier for as .... as $199.
   *Man kann Fotokopiergeräte schon für **weniger** als $199 bekommen.*

3. They put the number as .... as 2mill.
   *Man schätzt die Zahl **auf (bis zu)** 2 Millionen.*

hergestellt aus

made of   Die häufigste Form, die sich auf das **Material** bezieht.
           Window panes are made **of** glass.
           Fensterscheiben werden aus Glas hergestellt.

made out of   Denkt man mehr an das **Herstellungsverfahren**,
               wird häufig diese Form benutzt.
               They made all the furniture **out of** oak.
               Man stellte alle Möbel aus Eiche her.

97

made from	Diese Form wird angewandt, wenn ein Material / Stoff seine Form völlig ändert, d. h. der **Ursprung** wird betont.

Cheese is made **from** milk.
Käse wird aus Milch hergestellt.

Kraft – **power** oder **force?**

power	Antriebs-, mechanische Kraft, Kraft, die ausgeübt werden kann, Energie, Leistung, mit Energie versorgen
force	wirkende Kraft, Kraft, die tatsächlich ausgeübt wird

force = power in action

Beispiele:

horse power	Pferdestärke	source of power	Kraftquelle
water power	Wasserkraft	high-powered	leistungsstark
power sation	Kraftwerk		
magnetic force	magnetische Kraft	force field	Kraftfeld
gravitational force	Schwerkraft		

Ladung – **charge** oder **load?**

charge	aufladen (Akku)	(Elektronen)ladung
load	Last	Belastung(swiderstand)

(Eine) Methode zur / für / der ...

A method	**for**	**(the) determination** of (optical properties.)
		zur Bestimmung von ...
	for	**the computation** of ...
		zur Berechnung von ...
	for	**calculating** ...
		zur Berechnung der ...
	of	**calculating** ...
		using ...

Aber niemals:

| **A method** | **to** | **determine ...**, also niemals Infinitiv! |

Technik – Technologie

technology   Technologie, die Lehre von der Technik / industriellen Produktion

engineering   angewandte Technologie / Technik

technique   (Verfahrens)technik, Methode, Verfahrens- oder Arbeitsweise

technicalities   technische Einzelheiten

werden

Im Englischen gibt es eine Reihe von Verben, die das „werden" ausdrücken und deren Unterschiede zu beachten sind.

get   Das ist das häufigste Verb generell, aber auch das umgangssprachlichste für „werden", steht vor Adjektiven.

get late	spät werden
get married	heiraten
get rich	reich werden

become allmählich werden; stellt das formellere Wort gegenüber „get" dar und steht bei:

Substantiven	He has become a teacher. *Er ist Lehrer geworden.*
Adjektiven im Komparativ	The weather has got / become warmer. *Das Wetter ist wärmer geworden.*
vor Adjektiven	They have become powerful. *Sie sind stark geworden.*

grow stellt eine Entwicklung (inklusive Qualitätswandel) dar und ist sehr poetisch:

It grew dark and stormy.	*Es wurde dunkel und stürmisch.*

turn bezeichnet einen Wechsel der Farbe bzw. Qualität.

She turned pale and fainted.	*Sie wurde blass und fiel in Ohnmacht.*
The traffic lights turned red.	*Die Ampel wurde Rot.*

go stellt „werden" im Sinne einer Verschlechterung dar.

They went mad when they saw the massacre.	*Sie wurden verrückt, als sie das Massaker sahen.*
He went blind after the accident.	*Er wurde nach dem Unfall blind.*

Zahl   Ziffer   Zeichen

number	Zahl
figure	Zahl als statistische Größe bzw. im Rechnungs-wesen
digit	Ziffer
Arabic numerals	arabische Ziffern
Roman numerals	römische Ziffern
a three-digit number	Zahl mit drei Ziffern
character	(Schrift)zeichen
symbol	(naturwissenschaftliche) Zeichen; Symbol
sign	(An)zeichen, Verkehrszeichen u.ä. Zeichen
signal	(Signal)zeichen
reference	(Kurz)zeichen im Schriftverkehr

 **Your Turn 42**

Ergänzen Sie diese Sätze mit Wörtern aus der obigen Liste.

1. The unemployment .... are down this month.

2. The train .... failed and caused a massive accident.

3. The mathematical .... for 'greater than' is '>'.

4. Follow the road .... for Junction 20.

5. 600 is a three- .... number.

ANHANG – APPENDIX

Große Zahlen – Large numbers

Bei großen Zahlen müssen wir zwischen dem britischen und dem amerikanischen Englisch unterscheiden.

1. Britisches Englisch

Im britischen Englisch ist üblich:

a billion	= 1,000,000,000,000	= 10^{12} = 1 million^2	1 Billion
	= a million^2 ($10^6 \cdot 10^6$)	= 10^{12}	
a trillion	= a million^3 ($10^6 \cdot 10^6 \cdot 10^6$)	= 10^{18}	1 Trillion
a quadrillion	= a million^4 ($10^6 \cdot 10^6 \cdot 10^6 \cdot 10^6$)	= 10^{24} usw.	1 Quadrillion

2. Amerikanisches Englisch

Das amerikanische Englisch verwendet als Basis die Zahl 1000 und exponiert sie.

a million	= 1000^2 = 10^6		1 Million
a billion	= 1000^3 = 10^9	= 1000 million	1 Billion
a trillion	= 1000^4 = 10^{12}	= 1000 billion	1 Trillion

Eine Milliarde ist im amerikanischen Englisch *a thousand million* ($10^3 \cdot 10^6$). Im britischen Englisch ist *a milliard* selten.

Britisches Englisch	**Amerikanisches Englisch**
a billion = (10^{12})	**a trillion = (10^{12})**

Britisches Englisch	Amerikanisches Englisch	Deutsch
1 milliard	1 billion [1]	1 Milliarde
1 billion	1 trillion	

1) Astronomen und Wissenschaftler benutzen heute **a billion** für 1 Milliarde.

102

Maßtabelle – Table of measures

Allgemeine Umrechnungsfaktoren – Common conversion factors

1 centimeter	= 0.39 inches
1 meter	= 39.4 inches
1 kilometer	= 0.62 miles

1 square centimeter	= 0.16 square inches (sq in)
1 square meter	= 1.20 square yards (sq yd)

1 liter	= 0.88 quarts (qt)
1 cubic centimeter	= 0.06 cubic inches (cu in)
1 cubic meter	= 1.31 cubic yards (cu yd)

1 gram	= 0.04 ounces (oz)
1 kilogram	= 2.20 pounds (lb)
1 ton	= 1.10 short tons

Länge und Fläche – Length and Area

1 inch	= 2.54 cm	
1 square inch	= 6.452 cm^2	
1 foot	= 12 in	= 0.3048 m
1 square foot	= 144 sq in	= 929.03 cm^2
1 yard	= 3 ft	= 0.9144 m
1 square yard	= 9 sq ft	= 0.8361 m^2
1 rod	= $5\frac{1}{2}$ yd	= 5.029 m
1 square rod	= 30.25 sq yd	= 25.29 m^2
1 furlong	= 220 yd	= 201.168 m
1 acre	= 4.84 sq yd	= 0.4047 ha
1 statute mile	= 1,760 yd	= 1.6093 km
1 square mile	= 640 acres	= 2.590 km^2

Volumen – Capacity

		USA	GB
1 gill	= 4 fluid ounces (fl oz)	= 0.1183 liters	= 0.142 liters
1 pint	= 4 gills	= 0.4732 liters	= 0.568 liters
1 quart	= 2 pints (pt)	= 0.9464 liters	= 1.136 liters
1 gallon (gal)	= 4 quarts (qt)	= 3.7854 liters	= 4.546 liters
1 barrel		= 159.106 liters	= 159.106 liters
		= 35 gallons (Öl)	= 42 gallons (Öl)

Raummaße – Cubic Measures

1 cubic inch	= 16.387 cm³	
1 cubic foot	= 1728 cu inches	= 0.0283 m³
1 cubic yard	= 27 cu feet	= 0.765 m³
1 register ton	= 100 cu feet	= 2.832 m³

Gewicht – Weight

1 dram	= 27.34 grains	= 1.772 g	
1 ounce (oz)	= 16 drams	= 28.3495 g	
1 pound (lb)	= 16 ounces	= 453.59 g	
1 hundredweight (cwt)	= 100 pounds (USA)	= 45.36 kg	short cwt
	= 112 pounds (GB)	= 50.8 kg	long cwt
1 ton	= 20 cwt (GB)	= 1016 kg	long ton
1 ton	= 2000 pounds (USA)	= 907,185 kg	short ton

Temperaturumrechnung – Temperature Conversion

Grad Fahrenheit $\quad = \frac{9}{5}$ Grad Celsius + 32

Grad Celsius $\quad = ($Grad Fahrenheit $- 32) \frac{5}{9}$

Faustregel: $\quad °C = \frac{1}{2} °F - 18$

LAUTZEICHEN – PHONETIC SYMBOLS

Im Kapitel *Focus on Mathemathics* werden Sie auf Wörter griechisch-lateinischer Abstammung stoßen, deren Aussprache oft konträr zum Deutschen steht.

Um Ihnen eine Hilfestellung zu geben, sind die markantesten Wörter in der nachstehenden Phonetik-Übersicht dargestellt.

Unabhängig davon, ist es zum Erlernen neuer Wörter im Englischen unbedingt notwendig, dass Sie sich mit den phonetischen Zeichen Schritt für Schritt vertraut machen.

Beginnen Sie dabei mit solchen Wörtern, deren Aussprache Sie mit Sicherheit kennen. Dann betrachten Sie die phonetischen „Hieroglyphen" (selbst das ist schon so ein Wort!) und versuchen Sie die Zeichen bei den bekannten Wörtern zu erkennen.

geschrieben	phonetisch	gesprochen etwa wie
plus	plʌs	plass
minus	ˈmaɪnəs	ˈmeines
equals	ˈiːkwəlz	ikwels
multiplied by	ˈmʌltɪplaɪd baɪ	ˈmaltipleid bei
divided by	dɪˈvaɪdɪd baɪ	diˈweided bei
times	taɪms	teims
fraction	frækʃn	ˈfräkschn
zero	ˈzɪərəʊ	ˈsierou
cubic	ˈkjuːbɪk	ˈkjuhbik
logarithm	ˈlɒgərɪðəm	ˈloggerism
mantissa	mænˈtɪsə	mänˈtisse
sine	saɪn	sein
tangent	ˈtændʒənt	ˈtändschent

cosine	ˈkəʊsaɪn	ˈkousein
inverse	ɪnˈvɜs	inˈwörs
trigonometry	trɪɡəˈnɒmətrɪ	trigoˈnomettri
identical	aɪˈdentɪkl	eiˈdenntikl
angle	ˈæŋɡl	ˈänggl
parentheses	pəˈrenθəsiːz	peˈrensisies
approximately	əˈprɒksɪmətlɪ	eˈpraximättli
proportional	prəˈpɔːʃənl	preˈpohrschenl
π	paɪ	pei
∞	ɪnˈfɪnɪtɪ	inˈfiniti
x' (the first derivative of x)	dɪˈrɪvətɪv	diˈriwetiw
$\dot{s} = \dfrac{ds}{dt}$	s dɒt iːkwəls diː es baɪ diː tiː	s dat iquels die es bei die tie
integral	ˈɪntɪɡrəl	ˈintigrl
natural	ˈnætʃrəl	ˈnätschrl

LÖSUNGEN – KEY

Your Turn 1

1. a) is selling 2. c) is introducing 3. b) has marketed
4. b) represents 5. b) has developed
6. Microsoft is currently developing special software.
7. X-Image of San Torano has just marketed a device that detects snoring.
8. Bar-code scanning has recently revolutionized the data collection industry.
9. Carl Zeiss of Jena is manufacturing microscopes in smaller quantities at the moment.
10. IBM is producing a vast amount of upmarket computers at present.
11. Mecana has streamlined its company structure so far.
12. The entrepreneurial team has already introduced a wide range of cutting-edge cutting tools.

Wissen Sie, wie diese Maßangaben ausgesprochen werden?

1. four centimeters wide
2. eighteen feet in length
3. a fifteen inch monitor
4. six centimeters by four centimeters by eight centimeters
5. (nought) *oder* / (zero) point five kilo(gram)
6. one point five kilograms; / one and a half kilograms *oder (bes. USA)* one kilogram and a half

Längeneinheiten (Tabelle)

long   width   broad   height   depth   thick

Your Turn 2   Teil 1

2. The height of the chimney is forty meters.
   The chimney has a height of forty meters.
   The chimney measures forty meters in height.
3. The length of the spanners / wrenches is twenty centimeters.
   The spanners / wrenches have a length of twenty centimeters.
   The spanners / wrenches measure twenty centimeter in length.
4. The diameter of the cylinder is one centimeter.
   The cylinder has a diameter of one centimeter.
   The cylinder measures one centimeter in diameter.

The height of the cylinder is six centimeters.
The cylinder has a height of six centimeters.
The cylinder measures six centimeters in height.

Your Turn 2   Teil 2
1. W	2. H; F and G	3. F	4. G
5. J and N	6. K and M	7. W 600	8. J / N 180 / 190
9. H 287	10. K / M 140 by 232	11. F 112	12. Z_1 250

Your Turn 3
1. The diameter is 2 cm (two centimeters). The area is 3.14 cm^2 (three point one four square centimeters)
2. The area of the cube is 8 cm^2 (eight square centimeters); its volume is 16 cm^3 (cubic centimeters).

Your Turn 4
1. about two feet by by four feet
2. approximately six inches wide, four inches high and half an inch thick
3. less than one-sixteenth of an inch thick
4. five-inch, 16-line display screen
5. weighs ten ounces
6. three inch ... weighs less than four pounds

Your Turn 5
1. features ... comprises
2. allows ... control
3. incorporates ... made of
4. monitors
5. keeps track of ... sounds
6. will automatically adjust

Your Turn 6
The Personal Pager
scrolled, storing, select, displayed, choose, announce, used, mounted, available

Your Turn 7
Drills which / that can be held in the hand.
Heating which / that is fired by gas.

Pocket radios which / that are operated by batteries.
A wire which / that is insulated by copper.
Generators which / that are run by solar power.
Cameras which / that are powered by batteries.
Machines which / that are driven by (motor) power.

Your Turn 8

1. runs on	2. battery-powered	3. solar-powered
4. powered by	5. solar-operated	6. uses
7. contains	8. driven by	

Your Turn 9

Before **connecting** the radio to the AC outlet, **check** that ...
You should **check** the following chart ... before **connecting** the unit ...
After **checking** your house current, **connect** the ...
If you want to operate the unit on batteries, **check** if the AC power cord is not **connected**.

Your Turn 10

1. a; 2. a; 3. a; 4. b; 5. b; 6. c; 7. a; 8. a

Your Turn 11

1. b; 2. b; 3. a; 4. a; 5. b; 6. c; 7. b; 8. c; 9. b; 10. a; 11. b; 12. b; 13. b; 14. a; 15. c

Your Turn 12

1. b; 2. b; 3. c; 4. b; 5. b; 6. c

Your Turn 13

1.d; 2.b; 3.c; 4.i; 5.a; 6.e; 7.g; 8.h; 9.f;

Your Turn 14

2. Never take photos here.
3. Take care when handling flammable materials.
4. Always wear a protective helmet on site.
5. Make sure to wear protective gloves.
6. Only use this exit in the case of a fire/an emergency.
7. Look out for forklift vehicles.
8. Never smoke in this area.

Your Turn 15

1. When   2. If   3. When   4. If   5. when
6. when   7. If   8. when

Your Turn 16

2. In order to   3. relating to   4. Before   5. While
6. resulting in   7. Moreover   8. Owing to   9. Following
10. Furthermore   11. As a result   12. however

Your Turn 17   Teil A

A 5; B 8; C 1; D 3; E 7; F 6; G 4; H 2

Your Turn 17   Teil B

A 5; B 7; C 6; D 1; E 3; F 4; G 2

You can collect household waste.
You can dump industrial waste.
You can sort different kinds of waste.
Radioactive waste burns up.
Chemical waste substances decompose.
Biological-based waste degrades.
You can decontaminate toxic waste.

Your Turn 17   Teil C

A 5; B 4; C 2; D 6; E 3; F 1

Your Turn 17   Teil D

1. Einweg-   2. biologisch abbaubar   3. zu entsorgen
4. wieder verwertbar   5. zu erneuern   6. wieder verwendbar
7. wieder aufladbar

Your Turn 17   Teil E

2. awareness   3. protection   4. destruction   5. pollution
6. development   7. practice   8. cleanliness   9. knowledge
10. stewardship / management

Your Turn 18

1. b; 2. c; 3 (1. b / 2. a); 4. a; 5. b; 6. b; 7. c; 8. c

Your Turn 19

1. printer   2. monitor / screen   3. keyboard   4. mouse
5. processor

Your Turn 20

(1) input   (2) processing   (3) output   (4) storage

Your Turn 21

2. Computers can perform lengthy computations quickly and accurately.
3. Computers can identify relationships among large volumes of data.
4. Computers can simulate human tasks.
5. Computers can permit global interactions.
6. Computers can display data to be processed.

Your Turn 22

(1) function   (2) arrow   (3) Esc(ape)   (4) Backspace   (5) Shift
(6) return   (7) Caps Lock (8) Delete   (9) spacebar   (10) tab

Your Turn 23

File: New, Open, Close; Save, Save As, Save All, Find File, Summary Info,
           Templates, Page Setup, Preview, Print, Exit
Edit: Undo (Typing), Repeat (Typing), Cut, Copy, Paste, Paste Special, Clear, Select
           All, Find, Replace, Go to, Bookmark

Your Turn 24

Abbrechen: **Cancel**	Kopieren: **Copy**
Drucken: **Print**	Einfügen: **Paste**
Öffnen: **Open**	Alles markieren: **Select All**
Schließen: **Close**	Suchen: **Find**
Speichern: **Save**	Hilfe: **Help**
Löschen: **Clear / Delete**	Seitenansicht: **Page Preview**
Beenden: **Exit**	Ersetzen: **Replace**
Ausschneiden: **Cut**	Verknüpfungen: **Links**

Your Turn 25

2. e; 3. k; 4. b; 5. d; 6. h; 7. g; 8. i; 9. f; 10. j; 11. l; 12. c

Your Turn 26

Hardware Components	Commands	Internet	Software Components
backup	bold	browser	client
CD-ROM	copy	information	font
diskette	cut	highway	spreadsheet
drive	exit	www	true-type font
floppy disk	insert		
keyboard	italics		
memory	password		
microprocessor	paste		
modem	prompt		
monitor	save		
motherboard			
mouse			
plug			
port			
printer			
scanner			
screen			
server			
serial port			

Your Turn 27

2. one hundred minus seventy-five equals twenty-five
3. Capital D minus small d equals s
4. k, l, m over k, m equals one
5. one half plus one quarter plus one eighth equals seven eighths
6. three quarters minus one half equals one quarter
7. six thirds divided by two thirds equals six thirds times three halves equals three
8. one third equals point three, three, three recur(r)ing

Your Turn 28

2. the fifth root of a is b
3. the root of thirty-six over the root of four equals the root of thirty-six over four equals the root of nine equals three

Your Turn 29

2. k to the fourth (times) m squared over k squared (times) m equals k squared m
3. a to the four k minus one (times) b to the minus one
4. one cubed over m to the k minus one
5. Capital Z times m plus k in (round) brackets to the z minus one all in square brackets equals Capital P

Your Turn 30

2. a equals the n-th root of b, that is n equals the logarithm of b to the base a
3. the logarithm of x y equals the logarithm of x to the base a minus the logarithm of y to the base of a
4. the logarithm of x to the base of ten equals the logarithm of x
5. the logarithm of point two, one, five, four, four equals the logarithm of two point one, five, four, four over ten equals the logarithm of two point five, four, four minus the logarithm of ten equals (the mantissa of) point three, three, three, three minus one

Your Turn 31

3. y equals c t n (times) x
4. the cosine of forty-five degrees equals one half (times) the root of two
5. the tangent of sixty degrees equals the root of three
6. Capital A equals one half a b sine γ (gamma)

Your Turn 32

2. a is not equal to b
3. π [paɪ:] is proportional to q [kju:]
4. Capital EF is parallel to capital DG
5. the fourth root of eighty-one equals the absolute value of three

Your Turn 33

2. y equals the sum of a (sub) k (times), x to the (power of) k, taken from k equal to zero to k equal to four
3. the limit of delta y by delta x as delta x tends to zero equals dy [di: wai] by dx [di: eks]

Your Turn 34

1. alter   2. modified   3. changed

Your Turn 35
1. image   2. views

Your Turn 36
1. Carry out   2. Perform / Carry out   3. accomplished / performed
4. carried out / conducted

Your Turn 37
1. valued   2. assessed   3. evaluate   4. estimate

Your Turn 38
1. range   2. field   3. territory   4. region

Your Turn 39
1. fault   2. errors   3. blunder   4. failure   5. defects
6. flaws   7. malfunction

Your Turn 40

2. A	TV set	is	an	appliance.
3. A	spade	is	an	(garden) implement.
4. An	egg whisk	is	a	utensil.
5. A	food mixer	is	an	appliance.
6. A	pager	is	a	gadget.
7. A	Bunsen burner	is	a	(piece of) apparatus.
8. A	speedometer	is	an	instrument.
9. An	animation center	is	a	facility.
10. A	telephone	is	a	device.
11. A	VCR	is	an	appliance.
12. An	ear phone	is	a	device.
13. A	community center	is	a	facility.

Your Turn 41
2. little   3. High

Your Turn 42
1. Figures   2. Signal   3. Symbol   4. Signs   5. digit

GLOSSAR – GLOSSARY

accept	annehmen, akzeptieren	based on	auf der Grundlage von
access	Zugang	be billed	in Rechnung gestellt werden/bekommen
access hatch	Zugangsluke		
accident	Unfall	biodegradable	biologisch abbaubar
accordance	Übereinstimmung	blank space	Lücke
acid	sauer, Säure	blast	blasen *(Wind)*
add (to)	hinzufügen	boiling	kochen
adjustable	verstellbar	bold	Fett *(drucken)*
air filter	Luftfilter	bolt	(Maschinen)schraube, Bolzen
air inlet	Lufteintritt		
air outlet	Luftaustritt	bookmark	Textbaustein
aircraft	Flugzeug	breakages	zerbrochene Ware
all the same	das Gleiche	bright	hell(e)
allow	gestatten	browser	Sucher *(Internet)*
alter	abändern	build up	sich aufbauen
amount	Betrag	build-up	Aufbau, Anwachsen
announce	ankündigen, verkünden	burden	Belastung, Traglast
		burn	verbrennen
appliance	*(elektr.)* Gerät	burying	vergraben
appraise	bewerten, taxieren	button	Knopf
arrow key	Pfeiltaste	buy	kaufen
artificial	künstlich	by means of	mittels
as a result	folglich, daraufhin	by use of	mittels, unter Verwendung von
as follows	wie folgt		
as well as	wie auch, aber auch	by using	unter Nutzung
assess	einschätzen		
attach	(sich) anbringen (lassen)	calculate	berechnen
		capture	einnehmen
attack	angreifen	carburet(t)or	Vergaser
attain	erzielen, gewinnen	caught	erfasst
attract	(sich) anziehen	CFC = chloro-fluorocarbon	FCKW
avoid	vermeiden		
awareness	Bewusstsein	change	ändern, wechseln
		character	(Schrift)zeichen
backspace key	Rücktaste	charge	Ladung *(Elt)*
backup	Sicherung	checker	Prüfer, Prüfgerät
backspace	Rückwärtsschritt	circuit	Stromkreis
backup battery	Batterie für Notstrom	clamp	Klammer
bar-code scanning	Abtasten einer Strich-kodierung	cleanliness	Sauberkeit
		clear	Löschen

clip (on to)	(sich) anstecken (lassen) an	cutting-edge	hochmodern
close	(sich) umschließen (lassen)	cutting tool	Schneidewerkzeug
clothes	Kleidung	dangerous	gefährlich
collect	(ein)sammeln, abfahren (Müll)	data collection	Datenerfassung
		dawn	(wird) kommen
colo(u)r	Farbe	decompose	zersetzen (chem.)
combust	verbrennen, abbrennen	decontaminate	entgiften (chem.)
		degrade	abbauen (chem.)
combustion chamber	Verbrennungskammer	delete	löschen
communicate to	weitervermitteln an	derivative	Ableitung (math.)
component	Bestandteil, Teil	detect	entdecken, herausfinden
comprise	beinhalten		
computation	Berechnung	develop	entwickeln
concern	Angelegenheit, Problem	dishes	Geschirr
		display	anzeigen
conduct	führen, leiten, treiben	decrease	abnehmen
confusing	irreführend, verwirrend	degradable	(chem.) abbaubar
		depending on	in Abhängigkeit von
congested	verstopft (Verkehr)	depress	herausdrücken
connect	verbinden	detach	abnehmen
consequently	folglich, somit, daher	determine	bestimmen
consist of	bestehen aus	device	Gerät
contain	beinhalten	digit	Ziffer
contrary to this	im Gegensatz dazu	disposable	wegwerfbar
control	regulieren, steuern	disposables	Wegwerfartikel
control valve	Steuerventil	dot	Punkt (auch: math.)
convert	umrechnen, umwandeln	drag	ziehen
		draw	fördern
convey	befördern	drinks machine	Getränkeautomat
conveyor belt	Fließband	drive	antreiben
copy	Kopieren	drive belt	Treibriemen
correct	korrigieren	drop	fallen lassen
counterbalanced	mit Gegengewicht versehen	due to	infolge, folglich
		dump	abladen, abkippen (Müll)
cover	Deckel, Abdeckung		
creep	kriechen	earthing contact	Schutzkontakt
crush	zerquetschen	ease	Leichtigkeit
current	Strom	edit	Bearbeiten
cushion	Kissen, Polster	emergency switch	Notschalter
cut	Ausschneiden	entirely	völlig
cut through the smoke	sich durch die Flammen kämpfen	equal, be equal	gleichen
		equipped	ausgestattet
capable	fähig, in der Lage	erupt	ausbrechen

estimate	beurteilen, schätzen
evaluate	bewerten
exhaust pipe	Auspuffrohr
exit	Beenden
exposure	das Ausgesetztsein
extermination	Vernichtung
extinguish	löschen

fall apart	auseinander fallen
feature	Merkmal, verfügen, zeigen
figure	Zahl (statistisch)
find file	Datei-Manager
find out about	herausfinden, ermitteln
fit	passen, ausstatten
fix	in Ordnung bringen
fixed installations	Festeinbuten
flammable	feuergefährlich
flip	(nach oben/unten) schalten
flood	überschwemmen
floppy disk	(Magnet)diskette
flow	Fluss, Strömung
fly zapper	Fliegenpatsche
FM = frequency modulation	UKW
following	nach (formell)
font	Schriftart (Typ)
foreign material	Fremdmaterial
forklift vehicle	Gabelstaplerbetrieb
fragile	zerbrechlich
fuel rod	Brennstab
furthermore	darüber hinaus
fuse	(elektr.) Sicherung

garbage	Müll (bes. USA)
gloves	Handschuhe
go to	gehe zu
guarantee	Garantie, garantieren
guard	hier: Schutzabdeckung

hand-held	in der Hand tragbar
handle	umgehen mit, handhaben

happen	passieren
hence	folglich, daher, somit
hide	verstecken
high-strength	hochfest
high voltage	Hochspannung
hot spot	Überhitzungspunkt
hue	Tönung
hurtle	rasen

icon	Schaltzeichen
identify	feststellen, kennzeichnen
image	(Ab)bild(ung)
in addition to	darüber hinaus
indefinitely great	unendlich groß
infinite	unendlich
initial letter	Anfangsbuchstabe
in order to	um zu
insert	einfügen, einführen, einstecken
instruction	Anweisung
interaction	Dialog
interactive	Dialog- …
internal wires	innere Verdrahtung (elektr.)
investigation (into)	Untersuchung
italics	Kursiv (Typ)
item	Posten, Punkt, Gegenstand

keep one's promise	sein Versprechen halten
keep track of	sich genau merken
keypad	kleine Tastatur
knob	Knauf, Schaltknopf

label	bezeichnen
landfill (site)	Mülldeponie
lawn mower	Rasenmäher
lead	Zuleitung
lengthy	aufwendig, langatmig
less than	weniger als
level	Niveau, Stand
lever	Hebel
line	Zeile

live	stromführend
load	belasten, beladen
located in	gelegen/mit Sitz in
loss	Verlust

main component	Hauptbestandteil
main fuse	Hauptsicherung
main plug	Hauptstecker
manipulation	Handhabung
mark	markieren, kennzeichnen
measurement	Messung, Prüfung
metal fatigue	Metallermüdung
middle-of-the-line	im Durchschnittsbereich liegend
mimic	nachahmen
missing, be missing	fehlen
mixture	Gemisch, Gemenge
modify	(teilw.) abändern
monitor	genau beobachten/ überwachen
moreover	darüber hinaus
motherboard	Grundplatine (Comp.)
move forward	vorwärts bewegen
much-hyped	viel gepriesen
muscle	Muskel; Stärke

negotiate	verhandeln
non-refillable	Wegwerf- ..
non-returnable	Wegwerf- ...
numeral	Ziffer
number	Zahl

observe	befolgen, beobachten
obtain	erhalten
occur	geschehen, sich ereignen
online	im Programm direkt verfügbar
operate	bedienen
other than	jedoch nicht, nicht aber
outboard engine	Außenbordmotor
outcome	Ergebnis

outdoors, the ...	im Freien
owing to	infolge

pad	Polster, Einlage
page preview	Seitenansicht
page setup	Seite einrichten
parallel circuit	Parallelschaltung
pass through	gelangen durch
paste	Einfügen
paste special	Inhalte einfügen
PDA = personal digital assistant	persönliche Datenbank
performance	Leistung
permit	gestatten, erlauben
perforrm	ausführen
phase out	stufenweise abbauen
pillow	Kopfkissen
platform	Podium
play back	wiedergeben
plug	Stecker, stecken
poison	Gift
port	(Steck)anschluss
portable	tragbar
power outlet	Kraftsteckdose
practice	Unsitte, Praktiken
pre-set	voreingestellt
press	drücken
pressure-sensitive	druckempfindlich
prevent	verhindern
prime (number)	teilerfremd, Primzahl (math.)
print	Drucken
process	be-/verarbeiten
prompt	Eingabeaufforderung (Comp.)
property	Eigenchaft
protect oneself	sich schützen
protection	Schutz
protective earth contact	Schutzkontakt
prove	beweisen
pulse	Impuls
punch	drücken

radiation	Strahlung

118

radiator	Kühler (Auto)	screen saver	Bildschirmschoner
rate	Bemessung,	search	(intensiv) suchen
	Einstufung	select	Markieren
ray	(nicht gerichteter)	select all	Alles markieren
	Strahl	separation	Trennung
reusable	wieder verwendbar	serial port	serieller Anschluss
rechargeable	wieder aufladbar	serious	ernsthaft, schwer
recommend	empfehlen	series circuit	Reihenschaltkreis
record	aufnehmen		(elektr.)
rectify	richtig stellen	service	warten
recurring	Periode (math.)	set	einstellen
recyclable	wieder verwertbar	set on fire	in Aufregung
reduction	Reduktion (chem.)		versetzen
refillables	Auffüll-/Nachfüllartikel	set out	beginnen, ausbreiten
refuse disposal	Müllabfuhr	share	teilen, sich teilen mit
refuse pick-up	Müllabfuhr	shredding	Schreddern,
relating to the	bezüglich		Zerkleinern
reference		shut off	(sich) abschalten
refuse collection	Müllabfuhr		(lassen)
release	loslassen	sign	(An)zeichen
remove	entfernen	signal	anzeigen,
renew	erneuern		Signal(zeichen)
reopen	(sich) wieder öffnen	single	Einzel- ..., einzeln
repeat	wiederholen	slide	rutschen
repel	(sich) abstoßen	so as to	so dass, um zu
	(elektr.)	so only	also nur
replace	ersetzen	socket outlet	Steckdose
replacement	Ersatz- ...	solve	lösen (Aufgabe,
represent	darstellen		Problem)
re-press	nachpressen	sort	(aus)sortieren
reproduce	abdrucken	sound	Klang, ertönen
repulse	abwehren	spacebar	Leertaste (Typ)
resistance	Widerstand	spacecraft	Raumschiff
result from	sich ergeben aus,	speed bumps	Geschwindigkeits-
resulting in	was dazu führen		rampen
	kann, dass…	speed limit	Geschwindigkeits-
road warrior	Held der Landstraße		begrenzung
rubbish	Müll	spelling check	Rechtschreibprüfung
run (on)	betreiben (mit)	spot	Stelle; erkennen,
			finden
safety glasses	Schutzbrille	spreadsheet	Bildschirmtabelle
safety precautions	Sicherheits-	square	im Quadrat
	vorkehrungen	staff manager	Personalleiter
save all	Alles speichern	state	Stadium, Phase,
save as	Speichern unter		Zustand

steam	Dampf	(by) using	mittels, unter Verwendung von
steer	steuern, lenken	underline	unterstreichen *(Typ)*
stewardship	Verwaltung	unit	Anlageneinheit
stick	kleben, feststecken	unlike	nicht wie, ungleich(e) Pole
stimulate	nachvollziehen, anregen	unobstructed	unbehindert, frei von
store	speichern	unplug	*(Stecker)* herausziehen
strain	Deformation, Verformung	upmarket	anspruchsvoll
strap (on)	Gurt, Riemen; anschnallen	uppercase letter	Großbuchstabe
		use	nutzen, gebrauchen
stream	Strahl, Strömung		
streamline	rationalisieren	vary	variieren
stress	Beanspruchung	vast	Riesen-, riesengroß, überwältigend
stuff into	(sich) hineinstecken (lassen)	VCR = Video Cassette Recorder	Video Recorder
suitable	passend, geeignet	velocity	Geschwindigkeit
summary info	Datei-Info	via	über, mittels
swat	totschlagen *(Fliegen)*	view	Ansicht
switch	Schalter, schalten	voltage	Spannung *(elektr.)*
table	Tabelle		
take care (of)	Acht geben, aufpassen auf	weigh	wiegen
		wipe away	wegwischen
tank	Tank, Vorratsbehälter	wear	tragen; Abnutzung
tax amount	Steuerbetrag	wall outlet	Steckdose
template	Dateivorlage	wash cycle	Waschgang
tempo	Tempo, Zeitmaß	wash load	Waschgang
terminal	Klemme, Pol *(elektr.)*	waste	Abfall, Müll
textile	Stoff	waste disposal	Müllabfuhr
thrill	Erregung, erregen	when using	wenn man … verwendet
tight	fest, straff, eng		
tools	Extras	where	wo, wobei
toss	werfen	wire	Draht, verdrahten
total	Gesamtbetrag, Summe	with respect to	nach … (hin)
		workshop	Werkstatt
touch	berühren	worn	getragen *(Kleidung)*
toxic waste	Giftmüll	wrap	einwickeln, einpacken
transmit	übertragen		
transmitter	Geber	zap through the channels	durch die (TV)-Kanäle schalten
tremble	beben		
true-type font	skalierbare Schrift	zapper	Fernbedienung
tsunami	Riesenflutwelle	zoom over	flitzen über
twist	wirbeln	zoom past	vorbeirasen an